한국 언론 최초 동서독 분단현장 풀코스 르포

독일의 DMZ를 가다

글·사진 **오동룡**

청미디어
CHEONG MEDIA

※이 책은 방일영문화재단의 지원을 받아 저술·출판되었습니다

한국 언론 최초 동서독 분단현장 풀코스 르포

독일의 DMZ를 가다

글·사진 **오동룡**

프롤로그

 10월 3일은 독일이 통일된 지 30년이 되는 날이다. 베를린 장벽이 무너지던 날, 우리 국민도 마치 우리 일인 것처럼 가슴이 설레었던 기억이 난다. 통일은 우리에게 거부할 수 없는 당위다. '통일 대한민국'은 주변국 눈치를 보지 않을 정도의 강대국이 될 것이란 장밋빛 전망도 나온다.

 독일의 선례를 보면, 통일이 마냥 즐거운 것만은 아니다. 통일의 대가로 치러야 할 우리의 경제적 부담 때문에 통일을 걱정하는 이들도 생겨나고 있다. 동족상잔(同族相殘)의 전쟁에다 이념이 다른 체제에서 75년 동안 살아온 남북이 '자유' '민주'라는 가치를 공유하는 '내적 통합'을 이루는 문제는 더 어려운 일일지도 모른다. 독일은 동족 간 내전을 치르지 않았기 때문이다.

 그런데도 분단 45년 만에 통일된 독일이 '오씨(Ossis·동독놈)' '베씨(Wessi·서독놈)' 하면서 뜨악하게 지내다가, 요즘엔 아예 '제3세대 동독(Dritte Generation Ostdeutschland)'이라고 말하며 독일인임을 거부하는 동독 출신자들도 생겨나고 있다고 한다.

 그런 점에서 독일 통일은 분단국인 대한민국에 시사(示唆)하는 바가 매우 크다. 통일 과정에서 보았던 서독 지도부의 단호함과 리더십,

그리고 국민의 단결력이 경제력과 외교력, 군사력과 시너지 효과를 일으키면서 통일로 질주할 수 있었다.

이제 우리의 목표는 무엇이며, 어디로 어떻게 가야 할지에 대한 깊은 성찰이 필요한 시점이다. 국가 생존과 성장에 사활(死活)이 걸린 모든 현안이 남북 간의 문제임과 동시에 한반도를 둘러싼 주변 강국이 간여하는 국제적 사안들이다. 국가 발전을 이뤄가면서, 북핵(北核)을 해결해야 하고, 민족의 염원인 통일까지 달성해야 하는 버거운 역사적 과제를 해내야만 한다. 이것이 우리 세대의 당면 과제다.

처음엔 통독(統獨) 30주년을 맞아 가벼운 마음으로 배낭을 둘러메고 루프트한자 비행기를 탔었다. 그러나 베를린 장벽의 붕괴 현장에서 장벽의 잔해(殘骸)들을 만져가며 그 감동이 우리의 것이 되기를 기도했고, 통독 이후 내적 통합(內的統合)에 안간힘을 쓰고 있는 동독의 시골길을 차로 달리며 통일된 한반도의 미래 모습을 상상했다. 아무리 고통이 가해진다 해도 정말 꼭 가야만 할 길이고, 고지(高地)가 저긴데에서 멈출 수는 없는 것이다.

동서독 접경 1,393km를 언론인으로서 처음 종주한다는 것은 분명 설레는 일이다. 하지만, 베를린부터 동서독 국경(國境)을 남북으로 종주(縱走)하며 통독의 동인(動因)이 무엇인가를 현장에서 공부하는 것도 의미 있는 일이라 생각했다. 그 마음가짐으로 동서독 접경선 1,393km를 눈비를 맞아가며 걷고 또 걸었다.

책은 세 부분으로 구성했다. CHAPTER 1에서는 동서로 분단된 수도 베를린의 과거와 현재를 조망했다. CHAPTER 2는 독일 통일의 전개 과정을 다이제스트로 엮었다. 독일 통일의 과정을 전체적으로 훑은 다음 CHAPTER 3로 넘어가실 것을 권해드린다. CHAPTER 3는 동서독 접경 1,393km를 답사하면서, 의미가 있는 분단의 현장 30군데를 엄선해 소개했다. 분단 시기 독일의 최북단 국경 통과소였던 뤼베크-슐루툽에서 출발해, 체코슬로바키아와 국경을 맞대었던 미텔함머에 이르기까지의 분단의 아이콘이 되는 상징적 코스들을 소개했다.

동서독 접경을 종주하며 '죽음의 띠(Death Strip·동독이 만들어놓은 무인지대)'로 불렸던 동서독 경계선이 '그뤼네스 반트(Grünes Band)'라는 이름의 생명선으로 탈바꿈하고 있는 것을 현장에서 목격했다. 총성(銃聲)과 비명(悲鳴)으로 물들었던 지역이 새가 지저귀고 식물이 번성하는 '생명의 공간'으로 탈바꿈한 것이다.

이 책이 널리 읽혀 사실상 세계 제1의 중무장지대인 DMZ(비무장지대) 접경 지역 155마일이 독일의 그뤼네스 반트처럼 바뀌길 희망한다. 사실, 그뤼네스 반트는 역설(逆說)의 산물이다. 독일인들조차 통일 과정에서 그뤼네스 반트가 탄생하리라고 예상하지 못했다. 통일이 성취되자 몇몇 혜안을 가진 아들이 보존의 필요성을 주장하며 행동에 옮긴 것이다. 그것도 장기간에 걸쳐 접경 주민들을 설득하고 정부에 끊임없이 주의를 환기하면서 탄생시킨 것이다.

'독일 통일의 트로피'로 일컬어지는 그뤼네스 반트는 서독이 만든 것이 아니라 동독이 만든 것이다. 동독 주민들의 서독 탈출을 원천봉쇄하고자 1,393km에 걸쳐 만든 철조망과 지뢰밭이 지금의 그뤼네스 반트이다. 따라서 역사적 산물로서 보존의 필요성을 먼저 자각한 사람들은 동독인들이라는 것은 당연할지 모른다. 독일 그뤼네스 반트를 잘 살펴보면 향후 '생태계(生態系)의 보물'로 변한 우리 DMZ의 보존과 활용방안을 찾을 수 있을 것이다.

우리의 DMZ는 독일의 그뤼네스 반트보다 면적에서 비교할 수 없을 만큼 크다. DMZ가 238km이고 그뤼네스 반트는 1,393km로 그뤼네스 반트가 더 길다. 하지만 면적으로는 177km^2의 그뤼네스 반트에 비해 DMZ는 570km^2로 3배가 넘는다. 독일은 동독 지역만 출입이 통제돼 반쪽만 그뤼네스 반트가 형성되었지만, 남북한은 정전협정을 통해 휴전선을 중심으로 2km씩 후퇴해 북방한계선과 남방한계선에 각각 철책(鐵柵)을 쳤기 때문에 많은 면적이 비무장지대(DMZ)라는 이름으로 출입 금지 지역이 됐기 때문이다.

따라서 DMZ는 전쟁의 유일한 산물이자, 역사적 사료이며, 세계가 부러워하는 생태계의 보고(寶庫)이다. 더욱이 우리 민족이 통일 후 세계 평화의 중심으로 우뚝 서기 위해서는 DMZ를 세계 평화의 상징이자 중심지로 키워야 한다. DMZ의 개발은 자연보전을 최우선으로 계획되어야 할 것이다. 만약 잘못된 계획과 졸속개발로 DMZ의 본모습을 잃는다면 DMZ를 찾는 세계 각국의 국민에게 큰 실망을 안길 것이기 때문이다.

베를린 장벽을 철거하고 나서 독일인들은 그 자체가 거대한 기념물이자 관광자원임을 깨닫고 아쉬워하고 있다. 일부에서는 복원을 수장하는 사람들까지 있다. 문재인(文在寅) 대통령이 2017년 독일 쾨르버재단에서 발표한 '신 베를린 선언' 때만 해도 꽉 막힌 남북관계로 DMZ

활용방안은 남의 나라 이야기처럼 들렸다.

하지만 2018년 평창 동계올림픽을 계기로 반전을 이루면서 남북 간에 DMZ를 활용한 사업들이 구체적 성과를 내고 있다. 이제는 남북한은 물론이고 '정전협정'의 당사자인 미국과 중국, 나아가 유엔과 국제사회와 함께 DMZ의 자연생태계를 회복하는 일에 나서야 할 때라고 생각한다.

동서독 접경 1,393km 종주를 기획하고 함께한 분들과 좌충우돌한 원고를 선선히 출판해준 청미디어 신동설 대표이사께도 감사의 인사를 드린다. 분단 성찰을 위해 독일을 방문하는 모든 이들에게 이 책이 작은 길잡이가 된다면 더 바랄 것이 없겠다.

2020년 9월 25일

오동룡

조선뉴스프레스 군사전문기자

Contents

Contents

Contents

동 서 독
접 경
총 길 이 **1,393**km

1,150KM

베를린 장벽 길이
161km

철조망과 콘크리트 장벽

650km
이상

자동 발사 장치(SM-70)

설치 철조망

400km 이상

동독이 설치한 지뢰밭 길이

1,390
콜로넨베크
km

60,000개 이상

자동 발사 장치

지뢰 설치 **1,300,000**개
이상

1,400KM 그뤼네스 반트 총 길이

그뤼네스 반트 면적
177km^2

자연보호구역 **150**개

자연 원형으로 보존된 지역
85% 5,200종
동식물종

1,200종
희귀 위기 동식물종

독일 16개주와 주요도시 현황

- 킬
- 슐레스비히홀슈타인 주
- 슈베린
- 메클렌부르크포어포메른 주
- 함부르크
- 함부르크 주
- 브레멘
- 하노버
- 브레멘 주
- 베를린 주
- 포츠담
- 베를린
- 마그데부르크
- 니더작센 주
- 작센안할트 주
- 브란덴부르크 주
- 도르트문트
- 노르트라인베스트팔렌 주
- 라이프치히
- 뒤셀도르프
- 쾰른
- 작센 주
- 드레스덴
- 본
- 헤센 주
- 튀링겐 주
- 에르푸르트
- 프랑크푸르트
- 마인츠
- 라인란트-팔츠 주
- 뉘른베르크
- 자르브리켄
- 카이저슬라우테른
- 자를란트 주
- 슈투트가르트
- 바이에른 주
- 바덴뷔르템베르크 주
- 뮌헨

0   50   100 km

▬▬▬ 통독전 동서독 경계. 자료: Wikipedia

동서베를린과 접경검문소

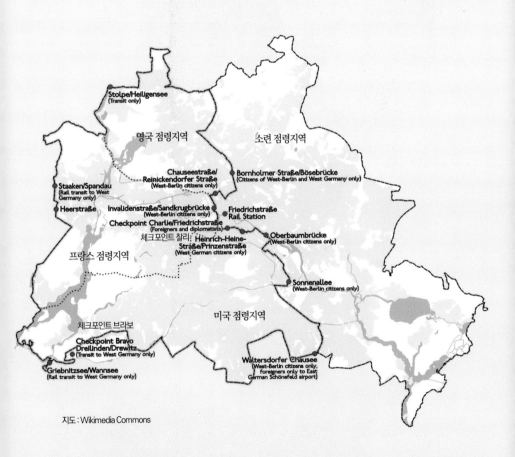

Stolpe/Heiligensee
(Transit only)

영국 점령지역

소련 점령지역

Chauseestraße/
Reinickendorfer Straße
(West-Berlin citizens only)

Bornholmer Straße/Bösebrücke
(Citizens of West-Berlin and West Germany only)

Staaken/Spandau
(Rail transit to West Germany only)

Heerstraße

Invalidenstraße/Sandkrugbrücke
(West-Berlin citizens only)

Friedrichstraße
Rail Station

Checkpoint Charlie/Friedrichstraße
(Foreigners and diplomatists)

체크포인트 찰리 Heinrich-Heine-
Straße/Prinzenstraße
(West German citizens only)

Oberbaumbrücke
(West-Berlin citizens only)

프랑스 점령지역

Sonnenallee
(West-Berlin citizens only)

미국 점령지역

체크포인트 브라보

Checkpoint Bravo
Dreilinden/Drewitz
(Transit to West Germany only)

Waltersdorfer Chausee
(West-Berlin citizens only,
foreigners only to East
German Schönefeld airport)

Griebnitzsee/Wannsee
(Rail transit to West Germany only)

지도 : Wikimedia Commons

동서독 접경 1,393km 주요분단 기념물

[범례]

서독
동독
◉ 철도연결지점
⊙ 도로연결지점

지도: Pent Alpha

뤼베크 쉬루툽
접경기록보관소
헤른부르크 기차역
쉬락스도르프 접경 박물관
자유로의 비상구
팔후우스
프리스터카테뷔헨
쉬반하이데 기차역
마을공화국
뤼터베르크 기념소
슈빈마르크
쉬네가접경
박물관
쉬나켄 부르크
접경박물관
뵈크비츠찌헤리
접경탐방로박물관
헤름슈테트
접경박물관
마리엔보른 기차역
회텐스레벤
접경기념물
마리엔보른
독일분단기념관
브로켄산
에커계곡댐
조르게접경박물관
조르게야외 접경박물관
받작사테텐보른
접경박물관
프리드란트
접경통과수용소
아힉스펠트 타이스퉁겐 접경박물관
쉬프러스그룬트 접경박물관
반프리드기록보관센터
포인트 알파기념관
프롭스첼라 동독접경
기차역 박물관
뫼드라로이트
독-독 박물관
독-독 야외박물관
구텐퓌르스트
접경통과역
미텔함머
독일-체코 국경지

제1장

분단 독일의 축소판 베를린

베를린 공항

2020년 3월 6일 금요일, 동서독 접경지 1,393km를 탐방하는 대장
정을 시작했다. 오전 10시 20분 코리아나호텔 앞, 인천공항 가는 리무
진에 올랐더니 승객은 '나 홀로'였다. 원래 핀란드 국적 핀에어를 이용
해 헬싱키를 거쳐 베를린으로 가려고 했으나, 핀에어가 운휴(運休)를
통지하는 바람에 일정을 바꿔 독일 국적 루프트한자를 탔다. 코로나
19 때문에 핀란드 정부가 한국 관광객의 입국을 막았다고 한다.

경유지인 프랑크푸르트 공항 구내에서는 아시아에서 온 승객을 '좀
비' 대하듯 했다. 대기 의자에 앉았는데, 옆 테이블 승객이 우리 일행
을 흘깃 쳐다보더니 가방을 챙겨 서둘러 자리를 피하는 것 아닌가. 신
기하게도 공항엔 마스크를 쓴 사람이 없었다. 기침할 때 소매로 입을
가리는 정도였다. 서구인들은 마스크 착용을 꺼린다는 말이 사실인
것 같았다.

프랑크푸르트 공항에서 국내선으로 갈아타고 밤 9시가 넘어 베를
린 공항에 내렸다. 프랑크푸르트 공항에 비하면 베를린 공항은 시골
공항 분위기가 났다. 수하물을 찾는 동안 왜 인천에서 베를린 직항편
이 없는지 일행에게 물었더니 현재 서베를린 지역에 있는 베를린 국제
공항은 수도 베를린 시내에서 8km 거리여서 접근하기가 쉬우나 국제

베를린 외곽에 자리한 베를린-쇠네펠트 공항을 증축하는 방식으로 공사 중인 베를린 브란덴부르크 빌리 브란트 신국제공항(BER). 뮌헨·프랑크푸르트 등과 함께 독일의 3대 국제공항이 된다. 당초 2011년 개항 예정이었으나 부실공사로 연기되면서 2020년 개항도 불투명하다.
Photo/Wikimedia Commons

적 관문 공항으로 활용하기엔 너무 규모가 작다는 것이었다.

　그러나 베를린 공항이 시내에 있는 바람에 공항 확장이 어렵게 되자, 베를린시는 최근 구동독 지역에 있는 베를린-쇠네펠트 국제공항을 새로 단장하기로 했다. 참고로 베를린에는 베를린 국제공항(TXL), 베를린-쇠네펠트 국제공항(SXF), 템펠호프 국제공항(THF) 등 3개의 국제공항이 있었다. 통일 전까지 베를린 국제공항은 서베를린 주민, 베를린-쇠네펠트 국제공항은 동베를린 주민을 위한 공항이었다. 1990년 통독 이후 베를린 국제공항과 베를린-쇠네펠트 국제공항은 일반 여행객들을 위해 영업했고, 템펠호프는 주로 자가용 비행기를 이착륙시켰다.

그러나 한 도시에 3개의 공항을 운영하는 것은 분명 비효율적이었고, 도심의 소음공해 또한 심했다. 이 때문에 독일 정부는 2011년까지 베를린-쇠네펠트 국제공항의 규모를 확장해 '베를린 브란덴부르크 국제공항'으로 이름을 바꿨고, 템펠호프 국제공항은 2008년에 폐쇄했다. 베를린 국제공항도 조만간 폐쇄할 예정이라고 한다. 현재 베를린-쇠네펠트 국제공항은 브란덴부르크 국제공항으로 변신하기 위한 공사가 한창이다.

베를린 국제공항에서 2,000cc짜리 독일산 티구안을 대여했다. 자동차 키를 받아 주차장에서 차를 확인하니 계기판 숫자가 500km를 가리키고 있었다. 약 1,993km를 소화하는 국경 종주가 끝나갈 무렵이면, 계기판은 2,500km로 바뀌어 있을 것이다.

베를린 날씨는 수증기로 가득 찬 느낌이었다. 보슬보슬 비가 내렸다. 안경이 뿌옇게 변해 휴지로 연신 닦아야 했다. 이것이 전형적인 베를린 날씨라고 한다. 베를린 공과대와 베를린 음대를 지나 C 호텔에 도착했다. 프런트에 들어서자 190cm가 넘는 흑인 직원이 우리를 맞았다. 그가 독일어로 "김정은…"이라고 하는데 알아들을 수가 없었다. 이튿날 독일어가 능통한 일행에게 자초지종을 들으니, 호텔 직원이 처음 보는 우리에게 'Du(너)'라는 비칭(卑稱)을 써서 강하게 항의했다는 것이다.

호텔 직원이 "북한 김정은도 그렇고, 너희 코리아 사람들 문제가 많

다.", "코로나 환자일지 모르니 호텔 방으로 빨리 올라가라."라고 했다
는 것이다. 우리의 체크인을 바라보던 독일 여자 손님이 "호텔 프런트
담당이 당신들에게 그렇게 행동하는 것은 일리가 있다."라고 거들었다.
코로나 19 때문에 전 세계가 아시아인을 주목하는 느낌이었다.

월 뮤지엄

3월 7일 토요일 아침, 이른 시각에다 비까지 내려서인지 체크포인트 찰리(Checkpoint Charlie)가 있는 베를린 프리드리히 슈트라세 43번지 거리는 한산했다. 베를린을 하루 만에 압축해 보는 코스에 도전했다. 정신없이 셔터를 눌러대는 바람에 하루 동안 찍은 사진만도 1,000장이 넘을 듯했다.

체크포인트 찰리엔 5층 건물인 체크포인트 찰리 박물관(Museum Haus am Checkpoint Charlie, 영어로는 월 뮤지엄)이 있다. 월 뮤지엄은 베를린 장벽을 쌓은 직후, 역사학자인 라이너 히데브란트(Rainer Hidebrandt) 박사가 동독 탈출자 지원을 위해 1963년 6월 14일 문을 열었다고 한다. 현재 월 뮤지엄은 연간 85만 명 이상의 방문객이 방문하는 유럽에서 가장 상업적으로 성공한 사설(私設) 박물관으로 꼽힌다.

분할 점령국 미·영·프·소의 국기와 베를린 장벽 콘크리트 기념물로 장식한 현관을 들어서니 'The whole world at Checkpoint Charlie-An extract of the guest book of history(체크포인트 찰리에 모인 세계 각국-역사 방명록의 요약)'이라고 써놓고는 세계 각국의 여권들을 부채처럼 장식하고 있었다.

월 뮤지엄은 1961년 8월 13일 베를린 장벽의 설치부터 1989년 11월

체크포인트 찰리가 있는 베를린 프리드리히 슈트라세 43번가. 길 건너 건물이 월 뮤지엄이 있는 건물이다. 체크포인트 찰리의 기념물 대부분을 소장하고 있다. Photo/오동룡

붕괴까지의 '장벽의 역사'에 중점을 두고 전시공간을 할애하고 있다. 동독 주민들이 베를린 장벽을 가로질러 탈출하는 사진, 동독 국경경비대의 감시망을 뚫고 성공적으로 탈출하는 데 사용되는 열기구, 중장비, 체어리프트(chair lift), 미니 U-보트 등 기발한 장치들을 관련 기사, 그리고 사진들과 함께 소개하고 있다.

특히 로널드 레이건 미 대통령이 생애와 업적을 소개하는 내형 선시실도 있다. 레이건 대통령은 베를린 장벽 붕괴 직전인 1988년 브란덴부르크 문에서 "Mr. Gorbachev, tear down this Wall(고르바초프 씨,

1953년 '동독사태' 전시물을 살펴보는 관람객들. 1953년 6월 17일 소련 점령지구인 동독의 수도 동베를린에서 동독 정부가 건설 노동자의 노르마(노동의무할당량)를 인상하자 파업이 일어났다. 결국 소련군 전차부대의 출동으로 진압 당했다. Photo/오동룡

1989년 11월 9일 베를린 장벽을 허물기 시작한 날, 20세기 최고의 첼리스트이자 러시아 망명음악가 로스트로포비치는 무너진 베를린 장벽 앞에서 바흐의 '무반주 첼로 모음곡' 3번을 연주했다. Photo/오동룡

1961년 8월 13일 0시를 기해 기습적으로 동독 국경수비대는 철조망을 설치하기 시작했다. 아무도 통과시키지 말라는 명령을 받은 동독 국경수비대 병사가 어린 아이가 철조망을 통과하는 것을 돕고 있다. 그는 즉각 상관에게 발각돼 어디론가 사라졌다. '죽음을 부른 친절'이었다. Photo/오동룡

이 장벽을 허뭅시다!)"라는 연설로 박수갈채를 받았고, 후임인 조지 허버트 워커 부시 대통령에게 독일의 통일 작업을 인계했다.

월 뮤지엄은 동서독 분단 기간뿐만 아니라 과거부터 현재까지 국제 인권 탄압을 폭로하는 데에 큰 관심을 쏟고 있다. 박물관 내에는 라울 발렌베리(Raoul Wallenberg)의 동상이 있다. 스웨덴 출신 외교관이자 사입가인 발렌베리는 유대인들에게 스웨덴 비자를 발급해주며, 아우슈비츠 수용소로 끌려갈 위기에 있는 유대인 수만 명을 구해냈다. 결국, 독일 내무인민위원회(NKVD)는 발렌베리를 미국 첩자로 오해해 살해했다.

2013년 12월 미하일 호도르콥스키(Mikhail Khodorkovsky)는 월 뮤지엄에서 석방 기자회견을 열었다. 그는 유코스 석유회사의 대주주로 러시아의 부호였다. 그는 부실 국영기업이었던 유코스를 개혁하여 불과 4년 만에 러시아에서 경영관리가 가장 우수한 회사로 만들었고, 주가는 44배나 뛰었다.

그러나 2003년 푸틴 대통령과 충돌한 후 그는 탈세 혐의로 구속됐다. 그의 '죄'는 러시아 지도부의 부패로부터 독립하겠다는 의지를 밝혔다는 것이었다. 호도르콥스키는 10년을 복역한 뒤 2013년 말 소치 동계올림픽을 앞두고 석방됐다. 그는 현재 스위스에 망명해 모스크바의 인권단체 '오픈 러시아'를 이끌고 있다.

호도르콥스키는 "한스 디트리히 겐셔 전 독일 외무장관, 앙겔라 메르켈 독일 총리가 석방을 보장해준 데 대해 감사한다."라며 "수감된 상태에서 기자회견을 열어주고, 각종 지원을 해준 박물관에 감사한다."라고 했다. 월 뮤지엄은 또 러시아에 억류돼 있던 우크라이나군 헬리콥터 조종사 나디야 사브첸코(Nadiya Savchenko)가 2년만인 2016년 5월 석방되는 것을 도왔다.

월 뮤지엄에서 뜻밖의 인물을 만났다. '통영의 딸' 신숙자 씨의 남편 오길남 박사의 인터뷰였다. 영상에는 오길남 씨가 울먹이며 인터뷰하는 모습이 흘러나왔다. '1985년 12월 독일에서 공부하던 오길남이 작곡가 윤이상의 꼬임을 받아 아내 신숙자, 딸 오혜원, 규원과 함께 월북한다…. 그 이후 부인 신 씨와 딸 혜원, 규원은 지금까지 요덕수용소에서 처참한 생활을 하고 있다.'라고 소개하고 있었다.

월 뮤지엄은 북한 수용소 상황도 소개하고 있다. 북한 수용소에 수감된 오길남 박사 가족의 사진과 오길남 박사의 인터뷰 영상도 흘러나왔다. Photo/오동룡

2018년 오 박사 사연을 모티브로 한 영화 〈출국〉도 개봉했지만, 2012년 북측의 답변 이후 별다른 진척은 없었다. 오길남 박사의 흐느끼는 인터뷰를 들으며 최근 건강이 크게 악화된 오 박사가 이곳에 가족의 안타까운 사연이 소개되고 있다는 사실을 알고 있을까.

체크포인트 찰리

월 뮤지엄에서 나와 체크포인트 찰리로 향했다. 월 뮤지엄에서 불과 100m 떨어진 거리다. 찰리 검문소는 병사의 사진으로 동서독 방향을 구분한다. 그런데 처음 방문한 관광객들은 헷갈리기 일쑤라고 한다. 월 뮤지엄에서 나왔을 때 동독 군인이 자기를 지켜보고 있다면 그쪽이 동독 지역이라고 한다.

1945년 제2차 세계대전 이후 패전국이 된 독일은 연합국(미국·영국·프랑스·소련)에 의해 4개 구역으로 분할 점령됐다. 소련의 점령지구인 동독의 중심부에 자리한 수도 베를린은 공동관리구역으로, 소련이 관할하는 동베를린과 미국·영국·프랑스 관할의 서베를린으로 나뉘었다. 베를린이 판문점 공동경비구역(JSA)처럼 울타리를 치지 않은 채 공동으로 관리하는 것과 마찬가지 상황이었다.

동서독은 왕래하던 게이트, 즉 알파, 브라보, 찰리는 1945년 분단 시기의 독일 지도가 머릿속에 들어있지 않다면 구분하기 무척이나 까다롭다. 서방 연합군은 동서독 접경에 세 개의 검문소를 운영했다.

체크포인트 알파(Checkpoint Alpha)는 영국군 점령지이자 서독 측 접경지인 헬름슈테트에 위치했고, 서독에서 동독을 거쳐 서베를린을 오가는 인력과 차량을 검문했던 곳이다. 연합군이 운영한 검문소

서베를린 찰리 검문소에서 동베를린 쪽을 바라본 사진. 동독 병사의 입간판이 동서 베를린을 구분하는 기준이다. 동독 병사 입간판 뒤쪽이 동베를린이다.

Photo/오동룡

월 뮤지엄 3층에서 바라본 체크포인트 찰리 검문소. 오른쪽 끝에 동베를린임을 알리는 동독 병사 입간판이 보인다. Photo/오동룡

가운데 가장 규모가 큰 검문소다. 또 체크포인트 브라보(Checkpoint Bravo)는 미군이 점령했던 서베를린 남부 지역에 있었고, 동독과 서베를린을 출입하는 인력과 차량을 검문했던 곳이다. 마지막으로 서베를린 시내에 위치하여 동베를린으로 출입하는 인력과 차량을 검문했던 체크포인트 찰리(Checkpoint Charlie)가 있었다.

연합국들은 접경검문소에 대해 국제법적 주권을 가졌다. 헬름슈테트에 위치했던 체크포인트 알파는 별도의 건물로 지어졌고, 연합국의 통행이 보장됐다. 체크포인트 알파가 해체되기 직전까지 헬름슈테트 시내에는 세 나라 군인들이 상주했다.

동베를린 쪽에서 찰리 검문소를 바라본 모습. 개리슨 캡을 쓴 미군 병사의 입간판 뒤쪽이 서베를린이다. 왼쪽에 '당신은 미국 섹터로 들어서고 있습니다. 무기 반입 금지. 교통 수칙을 준수하십시오'라는 간판이 보인다. Photo/오동룡

서독 사람들은 졸지에 서베를린에 남겨진 부모·형제, 친구들과 연결하기 위해 '길'을 만들려고 애썼다. 통일 이전까지 동독과 서독 간에는 도로 10개와 철도 8개, 내륙 운하 2개, 그리고 항공로 3개 노선이 존재했고, 동·서 베를린 간에는 8개의 통과로가 존재했다.

베를린 장벽이 1989년 11월에 개방되었고 체크포인트 찰리가 1990년 6월 22일에 제거됐다. 체크포인트 찰리는 달렘에 위치한 연합군 박물관에 전시 중이다. 이전의 장벽과 국경의 모습은 지금 자갈들로 이루어진 선으로 거리에 표시되어 있다. 지금 보이는 검문소는 당시

동서베를린을 가르는 분단선 바로 앞에 설치한 샌드백. 체크포인트 찰리 검문소를 방호하고 있다. 사진촬영을 하고 가라며 호객꾼들이 관광객들의 팔을 잡아끈다. Photo/오동룡

국경 횡단을 표시했던 검문소의 복사본이란다. 분단선과 검문소 사이에는 샌드백으로 된 벽이 항상 존재했었다. 그 분단선엔 관광객용으로 지금도 샌드백이 쌓여 있다.

체크포인트 찰리 앞에서 미 육군 복장을 한 배우들이 "3유로에 사진 한 장 찍으라."라며 필자를 붙들고 늘어졌다. 여자는 무료란다! 검문소 바로 옆 건물에는 '독수리 카페'(Cafe Adler)가 있는데, 검문소에 걸쳐 있어 커피를 마시면서 동베를린을 바라보기 좋은 장소였다고 한다. 이곳 지하는 베를린 지하철 U6 코흐 슈트라세 역이다. 베를린 장

벽이 설치되고 나서는 그대로 통과하다 장벽 철거 이후 정차한다고
했다.

세 개의 검문소 중 그 형체가 보존된 곳이 베를린 중심 베르나워에
있는 체크포인트 찰리다. 체크포인트 찰리는 당시 동·서 베를린을 왕
래하는 외교관, 군인 등 외국인만을 위한 곳이었다. 국경 검문소는 브
란덴부르크 문, 베를린 장벽과 함께 독일 분단의 상징물이다. 체크포
인트 찰리에 관광객들이 문전성시를 이루는 것처럼, 통일된 한국 판문
점에도 전 세계 관광객들이 인산인해(人山人海)를 이루는 날이 하루빨
리 오기를 기원한다.

베를린 봉쇄와 템펠호프 공항

 서베를린은 동독 안의 '섬'이었다. 소련은 한때 육로(陸路)와 수로(水路)를 차단했고, 이에 연합국은 베를린 하늘을 통해 서베를린에 먹을 것을 날랐다. 그 유명한 '베를린 봉쇄'다. 1948년 6월 23일, 스탈린은 서방 세계가 서독에 민주 정권을 세우는 것을 방해하기 위해 베를린을 봉쇄했다.

 독일 화폐 가치의 하락으로 경제 혼란이 심각해지자 연합국은 화폐개혁을 통해 문제를 해결하려 했다. 그러자 소련은 새로운 독일 마르크화 사용을 거부하면서 서방측 화폐개혁에 대한 대응으로 1948년 6월, 서베를린으로 향하는 모든 도로와 철도를 폐쇄했다. 서방 세계로부터 서베를린으로 들어오는 식량과 연료를 차단하고 소련이 독점 공급함으로써 연합국을 몰아내고 베를린시 전체에 대한 지배력을 확보하겠다는 심산이었다.

 연합국은 이에 대응해 서베를린을 소련에 넘겨주지 않겠다는 의지를 분명히 했다. 서베를린을 넘겨주면 다음은 서독이 공산권으로 넘어가고 다음은 유럽 전체가 위태로워지기 때문이었다. 서베를린을 봉쇄한 직후 미국의 군정장관 루셔스 클레이(Lucius Clay) 장군은 "우리는 체코슬로바키아를 소련에 빼앗겼고, 베를린마저 빼앗기면 다음 차

베를린 공수 작전에 동원된 미국과 영국의 수송기들. 무려 27만회가 넘게 베를린 봉쇄를 뚫기 위해 물자를 실어날랐다. Photo/USAF

례는 서부 독일"이라며 "유럽을 공산주의로부터 지키기 위해서 우리는 현재의 위치에서 한 발도 움직여서는 안 된다."라고 결연한 의지를 드러냈다.

그 결과 사상 초유의 공중 수송 작전이 시작됐다. 베를린 봉쇄 전까지 베를린 시민들은 매일 1만 2,000t의 물자를 수입하고 있었다. 200만 명에 이르는 서베를린 시민이 매일 먹고사는 데 필요한 생필품이 서독으로부터 비행기로 공수됐다. 이를 위해 미국 C-47 수송기와 영국의 다코타 수송기가 62초에 한 대꼴로 생필품을 싣고 베를린에 착

1948년 6월 23일 소련이 베를린을 봉쇄하자 대규모 공수 작전이 펼쳐졌다. 착륙을 시도하는 미 공군 C-54를 바라보는 베를린 시민들. Photo/위키피디아

류했다.

베를린 봉쇄에 따른 연합국의 공수 대작전은 1948년 6월 24일부터 이듬해인 1949년 5월 11일까지 462일 동안 계속됐다. 이 기간 미국과 영국군 수송기가 총 27만 7,264회 이륙해 매일 1만 3,000t의 생활필수품과 연료를 서베를린 시민에게 공수했다. 서방측의 의지를 확인한 소련 정부는 결국 1949년 5월 12일, 서베를린에 대한 봉쇄를 해제했다.

'사탕 폭격기(Candy Bomber)', '건포도 폭격기(raisin bomber)'는 이때 등장했다. 처음 시작은 미군 수송기 조종사의 자발적이고 개인적

베를린 공수 작전은 템펠호프 공항에 착륙하는 경우도 있었고, 낙하산으로 투하할 때도 있었다. 하늘에서 떨어지는 초콜릿과 사탕들. Photo/USAF

인 호의에서 비롯됐다. 당시 서베를린으로 생필품을 공수하는 C-47과 C-54 수송기를 조종하던 게일 할보르센 중위는 봉쇄된 베를린에서 힘겹게 지내는 어린이들에게 작지만 특별한 선물을 해주고 싶었다.

그래서 머물고 있던 공군 기지에서 동료 조종사들과 함께 사탕과 초콜릿, 건포도 등을 모았고 입지 않는 옷으로 작은 낙하산을 만든 후 모은 사탕과 초콜릿 등을 헝겊에 싸 매달았다. 그리고 당시 연합군 수송기가 이착륙하는 비행장 주변에 모여들어 비행기가 뜨고 내리는 모습을 구경하며 손을 흔드는 아이들에게 모형 낙하산으로 군것질거리를 투하해 선물했다.

게일 할보르센 중위의 모습을 본 동료 조종사들이 군것질 낙하산 투하에 동참하기 시작했고 이 모습이 독일 언론에 보도되면서 베를린

베를린 템펠호프 국제공항(THF)이 2008년 10월 30일(한국 시간 31일 새벽) 85년 역사에 종지부를 찍고 사라졌다. 1923년에 개항 후, 1936년 히틀러의 명령으로 베를린 대개조계획 '게르마니아'에 따라 건축가 에른스트 자게빌이 세계 최대의 단일 건물로 설계했다. Photo/ Wikimedia Commons

과 서독 시민들로부터 좋은 반응을 얻게 되자 공수 작전을 지휘하던 윌리엄 터너(William Turner) 장군이 적극적인 지원에 나섰다. 몇몇 공군 조종사의 개인적인 선물 차원을 넘어 아예 '군것질 작전(Little Vittle Operation)'이라는 이름으로 대대적인 간식거리 투하 작전이 시작된 것이다. 6·25전쟁과 이후 미군이 한국에 주둔하면서 기지촌을 중심으로 어린아이들이 미군들을 따라다니며 과자를 달라고 손을 흔들었던 것과 데자뷔 되는 영상이다.

'군것질 작전'으로 독일인들에게 정들었던 템펠호프(Tempelhof) 국제공항은 2008년 폐쇄됐다. 템펠호프는 테겔 국제공항과 더불어 서베를린의 관문 공항 역할을 했고, 1970년대 초까지는 현대식 항공기를 수용했었다. 그러나 도심 한가운데에 위치하는 바람에 소음 문제를 해결할 수 없었다. 2006년 베를린 브란덴부르크 공항 건설이 시작되면서 2008년 10월 30일 운영을 중단하고 폐쇄했다. 공항 안에는 베를린 봉쇄 때 프랑크푸르트에서 생필품을 공수해 오는 데 큰 역할을 한 공적(功績) 기념비가 세워져 있다.

통일 이후 베를린 한 도시에 3개(서베를린 2개, 동베를린 1개)의 공항을 두고 있는 것에 대한 비효율성과 도심의 소음 문제가 계속 제기됐다. 하지만 템펠호프 공항을 아끼는 시민들은 폐쇄를 막기 위한 주민 투표도 했다. 2008년 4월 27일 법적 구속력이 없는 주민투표를 시행했으나 낮은 투표율로 인해 무산됐다. 2015년 9월에는 유럽 난민 위기를 계기로 독일에 도착한 난민들의 수용 시설로 활용되기도 했다.

현재 템펠호프 공항은 철거하지 않고 시민 공원으로 활용하고 있다. 2020년 7월 17일에는 '테니스 이벤트 대회'가 템펠호프 공항 격납고에서 열렸다. 도미니크 팀(3위·오스트리아), 페트라 크비토바(12위·체코) 등 세계 정상급 남녀 선수들이 대회에 참가했다. 크비토바는 자신의 소셜 미디어에 "공항 격납고에서 경기하는 것은 누구나 처음일 것"이라며 "비행기를 맞히지 말아야겠다."라고 농담했다.

템펠호프 공항은 '유럽의 관문 공항'으로 키우려고 일부러 지은 건물이었다. 그 때문에 템펠호프는 '모든 공항의 어머니'로 불렸다. 1930

년대 중반 나치 독일이 대대적으로 증축했고, 이때 지어진 본 건물은
당시 지구상에서 가장 큰 건물 중 하나였다고 한다.

체크포인트 찰리의 미소 대치

베를린 장벽이 무너지기 전까지 약 29년의 동안 연합국이나 외교관, 언론인, 외국인 등 극히 일부의 사람만이 체크포인트 찰리를 거쳐 동베를린과 서베를린 사이를 오갔다. 1961년 8월 13일 베를린 장벽이 설치되고 얼마 후, 미국과 소련의 전차들이 체크포인트 찰리를 둘러싸고 일촉즉발(一觸卽發)의 대치상태로 갔던 적이 있다. 1961년 10월 22일 미국 외교관 알란 라이트너가 오페라를 보기 위해 체크포인트 찰리의 동독 지역을 통과하다가 동독 국경수비대가 여권 제시를 요구하면서 일이 터졌다.

동독 국경경비대는 라이트너에게 "여권을 보여 달라."고 요구했고, 라이트너는 연합국은 동서 베를린을 통제 없이 드나들 수 있었기에 당연히 그의 요구를 거부했다. 10월 27일 소련이 10대의 전차를 전개하자, 미국도 똑같은 숫자의 M48 패튼 전차 10대와 T-54 A 전차를 동원했다. 미군 전차가 체크포인트 양쪽 100m가량을 둘러싸고 서 있었다. 대치상황은 10월 28일 미국과 소련의 화해로 양측이 전차를 철수시키면서 충돌위기를 넘겼다.

미국의 군정장관 루셔스 클레이 장군은 존 F. 케네디 대통령에게 "이번에 굴복하면 소련이 동베를린 통과경로를 통제하려 할 것"이라고 이

1961년 10월 22일 오페라를 보기 위해 동독으로 가려던 미국 외교관 알란 라이트너를 검문하다 미국과 소련이 충돌했다. 소련군이 10월 27일 T-54 전차 10대를 동원하자 미군은 질세라 M48 전차 10대로 17시간 동안 대치했다. Photo/Wikimedia Commons

야기했다고 한다. 이후 미 법무부 장관 로버트 케네디와 KGB 스파이 기요르기 보라샤코브 사이에 '연합국 민간인은 차창(車窓)을 통해 신분증만 제시하면 된다.'라고 암묵적 협의를 하게 된다. 이를 이용해 외교관들이 동독 주민들을 차 트렁크에 태워 탈출시키기도 했다고 한다.

동독 주민들이 대거 서독으로 탈주했던 만큼, 체크포인트 찰리에서도 장벽이 지어지기 전후로 탈주 시도가 빈번하게 일어나곤 했다. 그중 탈출에 실패해 총을 맞고 사망한 청년 페터 페히터(Peter Fechter)는 분단시대의 비극적인 죽음 중 하나로 기억되고 있다.

장벽이 건설된 지 약 일 년 후, 1962년 8월 17일 건축 노동자 페터 페히터는 친구 헬무트 쿠바이크와 함께 동독 탈출을 시도했다. 그의 계획은 베를린 장벽 짐머 슈트라세 주변에 있는 목공소의 작업실에 숨어 있다가 창문으로 뛰어내려 '죽음의 띠(Death Strip)'로 가는 것이었다. 그들의 계획은 '죽음의 띠' 구역을 건넌 뒤 철조망이 설치된 2m 벽을 올라간 후, 체크포인트 찰리 근처에 있는 서독의 크로이츠베르크 주로 가는 것이었다.

장벽에 도착했을 때, 동독 수비대는 그들에게 사격을 가했다. 헬무트는 벽을 통과하는 데 성공했다. 하지만 페터는 수백 명이 보고 있는 가운데 벽에 매달린 채 엉덩이에 총을 맞고 말았다. 그는 동독 쪽의 '죽음의 띠' 구역으로 떨어졌고 신문 기자들을 포함한 서독 주민들이 보고 있었으나 어떻게 할 수가 없었다. 페터는 비명을 질렀다.

그러나 동독 경비대는 어떠한 의료 지원도 하지 않고 최루탄을 던져댔다. 서독 또한 어떠한 조치도 취할 수 없는 상황에서 반격할 뿐이었다. 서독 경찰은 그에게 붕대를 던져주었으나 그에게 닿지 못했다. 그는 약 한 시간 뒤 과다출혈로 죽음을 맞이했다. 그가 숨을 거두자 서독 지역에서 이 광경을 지켜보던 주민들 수백 명이 국경수비대에게 "살인자"라고 고함을 질러댔다.

결과적으로 페터 페히터를 구하지 못한 것은 동서독 진영 모두 공포에 질렸기 때문이었다. 서독 주민들은 동독 국경수비대의 총격 위협 때문에 그를 돕지 못했다. 시사주간지 〈타임〉에 따르면, 미군 소위

1962년 8월 17일, 철조망 장벽을 넘다 총격으로 사망한 페터 페히터를 동독 국경수비대원들이 옮기고 있다. 오른쪽 장벽 건너편에서 서독 경찰과 서베를린 시민들이 "살인자"를 외치며 항의하고 있다. 최루탄 연기가 자욱하다. Photo/촬영자 미상

철조망을 넘다 총격을 받고 동독 쪽 '죽음의 띠(Death Strip)'에 쓰러져 있는 페터 페히터. 동독 수비대는 한 시간 이상 그를 방치했고, 결국 사망했다. Photo/촬영자 미상

페터 페히터를 이송하는 동독 국경수비대원. Photo/촬영지 미상

페터 페히터가 사망한 다음날, 베를린 시민들이 추모
비를 세우고 있다. 하단은 페터의 1961년 경 여권 사
진. Photo/Wikimedia Commons

가 서베를린의 미군 사령관으로부터 특별 지시를 받음에도 불구하고, 복지부동하고 말았다는 것이다. 그러나 병리학자 오토 프로코프(Otto Prokop)는 "가슴과 복부, 그리고 오른쪽 엉덩이에 박힌 총알은 심각한 내부손상을 일으켰다."라며 "페터는 살아남을 수 없었다."라고 했다.

동독 군인들은 그가 떨어진 지 한 시간 뒤에 페터 페히터의 사체(死體)를 회수해 동독 지역으로 가져갔다. 1962년 8월 18일, 페터 페히터의 죽음이 〈베를리너 모르겐포스트(Berliner Morgenpost)〉의 1면을 장식했다. "도와주세요, 도와주세요(Helft mir doch, Helft mir doch!)"라는 제목으로. 그를 추모하는 기념비에는 '그는 단지 자유를 원했다(Er wollte nur die Freiheit).'는 글이 새겨져 있다.

베를린 장벽 기념물

베를린 장벽 박물관(Gedenkstätte Berliner Mauer)은 베르나워 슈트라세 4번지에 있는 독일 분단 기념 장소다. 베르나워 거리의 이 유적지는 '죽음의 띠' 1.4km를 포함하고 있다. 기념관 용지를 공원으로 조성했고, 베를린 장벽을 부순 자리, 철근만 오롯이 남긴 부분, 장벽 부분으로 구분해 놓아 베를린 장벽의 어제와 오늘을 말해준다.

베를린 장벽은 한국 정부 인사들이 성지(聖地)처럼 다녀가던 장소였으나, 최근 들어 발길이 뜸하다고 한다. 특히 한국 학자들이 독일의 흡수 통일 방식보다 예멘 등의 쌍방 합의에 의한 통일 방식을 연구하는 등 분단 독일에 대해 과거와 같은 '학습열(?)'은 없다고 한다.

이 야외 장벽 기념물들은 마리엔펠데(Marienfelde) 비상 접수 센터, 화해교회(Kapelle der Versöhnung), 조금 떨어진 곳에 귄터 리트핀 기념물(Günter Litfin Gedenkstätte) 및 이스트사이드 갤러리(East Side Gallery)를 포함하고 있다. 지역역사박물관(Dokumentationszentrum Berliner Mauer) 옥상에 올라보면 베를린 장벽이 세워진 후 최초의 사망자가 발생했던 킬러 슈트라세의 경비초소가 눈에 띈다. 귄터 리트핀은 장벽이 세워진 직후인 1961년 8월 24일 이곳에서 서베를린 행을 감행하다 목숨을 잃었다. 지금은 리트핀을 쏜 초소가 리트핀 기념박

베를린 베르나워 거리에 있는 '화해의 교회'. 독일 여왕이 1884년 가난한 자들을 위해 설립했다. 동독 군인들은 신자들의 예배를 막다가 1985년 아예 교회를 헐어버렸다. 교회는 통독 후 다시 건축했다. Photo/오동룡

물관으로 개조됐다.

1950년대 초부터 소련은 동독 주민들의 이탈을 막기 위해 국경선을 치밀하게 관리했다. 그러나 1952년 무렵까지, 동서독을 분리하는 분단선을 통해 동서독 주민들이 쉽게 드나들 수 있는 지점들이 많았다. 독일 내 접경선이 1952년 공식적으로 닫힌 후에도 전승 4국의 지배를 받던 베를린의 경우, 도시 내에서 분단선을 오가기기 수월했다. 그러기에 베를린은 동독 주민들이 서독으로 탈주하는 주요 루트가 됐다. 베를린은 동서를 나누던 분단선의 유일한 '구멍'이자, 당시 동베를린 주

베르나워 거리의 아파트들은 건물 자체가 동베를린과 서베를린을 가르는 경계선에 위치했다. 주민들은 서베를린과 맞닿은 건물 뒤편으로 탈출을 시도했다. 장벽 철근 사이로 60년 전 동베를린 주민들이 탈출하는 사진이 보인다. Photo/오동룡

민들의 '희망'이었다.

1949년과 1961년 사이, 250만 명의 동독 주민들이 서독으로 탈출했다. 베를린 장벽이 세워지기 전 3년 동안 이 수치는 증가했다. 1959년에는 14만 4,000명, 1960년에는 19만 9,000명, 그리고 1961년 첫 7개월 동안 20만 7,000명이 탈출했다. 그렇다 보니 각 분야의 전문가들과 지식층 대부분이 빠져나가면서 동독의 손실이 상당했다. 동독의 경제난은 심해져만 갔다.

전문가 급 두뇌 유출로 인해 동독의 정치적 신뢰성과 경제적 타격

베를린 장벽 박물관 중앙을 장식하고 있는 희생자 추모관. 베를린 장벽 설치 직후 동베를린 주민들은 창문을 통해 베르나워 거리로 뛰어내렸다. 서베를린 소방수들이 큰 담요를 펼쳐들고 뛰어내리는 사람들을 받았다. 그러나 모두 성공하지는 못했다. Photo/오동룡

이 커지자 소련은 동서독 국경 재 확보가 시급해졌다. 스탈린의 뒤를 이은 니키타 흐루쇼프는 스탈린의 공포정치 정책을 버리면서도 반대파를 견제하기 위해 베를린 장벽의 건설로 귀결되는 1961년 '베를린 위기'를 조성했고, 또 하나는 쿠바 미사일 배치로 미소 간 극도의 긴장을 초래했다. 1961년 7월 한 달 동안만 망명자 수가 3만을 넘어서자 동독 국가평의회 의장 울브리히트는 마침내 제동을 걸었다. 상벽 건설을 명령한 것이다.

1961년 8월 13일, 동독 군인들이 베를린을 가로지르는 철조망 담을

'화해의 교회' 앞을 통과하고 있는 100m 길이의 베를린 장벽. 장벽이 통과했던 자리에 'Berliner Mauer 1961-1989(베를린 장벽 1961-1989)'라 표시했다.

Photo/오동룡

처음으로 설치하기 시작했다. 이 철조망 담은 곧바로 베를린 장벽으로 변했다. 이틀 후, 경찰과 군인들이 영구적인 콘크리트 벽을 구축하기 시작했다. 1961년 8월 13일에 세워진 베를린 장벽은 독일과 유럽, 나아가 세계의 정치적 분단을 공고히 만드는 상징이었다.

애초의 가시철조망 울타리는 체계적으로 콘크리트 장벽으로 변모했고, 그 장벽은 다시 폭 15m에서 150m 이상에 이르는 '죽음의 띠(death strip)'로 둘러싸였다. 감시탑·전기신호 울타리·경비견, 차량의 진입을 가로막는 도랑, 사살하라는 명령(독일어로 'Schiessbefehl')을 받은 무장 경비병들이 삼엄한 분위기를 자아냈다.

베를린 장벽의 시작과 종말을 각각 상징하는 1961년 발터 울브리히트의 기자회견 장면과 1989년 기자회견 중 말실수로 통일을 촉발한 동독 공산당 정치국 대변인 귄터 샤보프스키의 기자회견 장면, 장벽의 구축, 이어진 구역별 국경 벽의 구축, 마침내 장벽의 붕괴 장면은 오늘날까지 전 세계적으로 회자하고 있다.

장벽 설치가 시작된 것은 1961년 8월 13일 새벽 2시였다. 46km에 이르는 베를린 시내 지역 경계선을 따라 장갑차가 배치되고 경찰, 군인, 민병대가 출동했다. 그들은 포석(鋪石)과 포장(鋪裝)을 떼어내고 철조망을 둘러쳤다. 작업은 며칠 동안이나 계속됐다. 하지만 당시에는 철조망만 있었을 뿐 장벽은 세우지 않은 상태였다.

동베를린 주민들은 초기의 어수선한 틈을 타 필사적으로 탈출하기 시작했다. 그 외에도 분단선 근처 아파트에서 창밖으로 뛰어 넘어가는 시도들도 많았다. 자동차로 체크포인트 찰리의 문을 들이받고 탈주하

베를린 장벽 기념물 앞에 선 필자. Photo/오동룡

기도 했고, 접이식 자동차(컨버터블)로 장벽에 접근해 자동차를 벽에
밀착시킨 후 지붕을 내려 서독으로 도망쳤다.

어떤 이들은 고속열차를 몰고 분단선을 넘기도 했고, 심지어 열기구
를 타고 탈주한 기막힌 사건도 발생했다. 1969년에는 분단선 아래로
16일 동안 길이 150m, 폭 80cm의 동굴을 파서 57명이 단체로 서독
에 입성하기도 했다. 안타깝게도 1961년 8월 22일 59세의 이다 지에
크만(Ida Sieckman)이라는 여성은 베르나워 거리의 자신의 아파트 3층
주방 창문을 통해 뛰어내리다 펼쳐진 담요를 놓치는 바람에 즉사했다.

동독 병사들도 85명이나 이 대열에 참가했다. 1961년 8월 15일 베

베를린 지역사 박물관 옥상에서 바라본 베를린 장벽과 감시탑. Photo/오동룡

를린에 철조망 설치 이틀째 되는 날이었다. 한 동독 병사가 소련제 PPSH-41 기관총(일명 따발총)을 어깨에 멘 채 허리 높이의 철조망을 뛰어넘어 서베를린으로 넘어왔다. 그는 다른 사람의 탈주를 저지해야 할 철조망 부근 감시 임무를 맡고 있었다. 철조망을 뛰어넘는 도약의 순간을 카메라가 잡은 것이다.

　그의 점프 사진은 다음 날 세계 주요 신문 1면 톱을 장식했다. 사진 속 인물은 당시 19세였던 동독 기동경찰대 소속 콘라트 슈만(Conrad

Schumann·1941~1998)이었다. 그는 '자유'의 서독과 '억압'의 동독을 보여준 냉전의 아이콘이었다. 열아홉 살의 동독 병사 콘라트 슈만은 유명인이 되고 싶었던 게 아니라 자유인이 되고 싶었다.

콘라트는 서베를린의 소녀가 동서를 갈라놓은 철조망 너머로 동베를린에 억류돼 돌아오지 못하는 어머니에게 꽃을 건네는 안타까운 모습을 보고 탈출을 결심했다. 기회를 엿보던 중 탈출 당일 서베를린 주민들이 자신을 향해 "건너와! 건너와!"라고 소리치자 철조망을 넘었다.

서독에 정착해 결혼도 하고 평온하게 살았지만, 인생 후반은 행복하지 않았다. 1989년 베를린 장벽 붕괴 후 고향으로 돌아갔지만, 가족과 친척은 반겨주지 않았다. "혼자만 살겠다고 탈출해놓고 왜 왔느냐?"는 고향의 냉대로 우울증에 시달리다 1998년 목매 자살했다.

탈출에 성공한 국경 경찰 콘라트 슈만의 '자유를 향한 점프' 사진, 탈출 시도 중 총에 맞아 쓰러진 뒤 장벽 옆에서 피를 흘리면서 속절없이 죽어갔던 페터 페히터의 사진은 동시대 사람들에게 베를린 장벽이 초래한 충격을 상징했고, 오늘날까지 전 세계인의 마음속에 베를린 장벽의 상징적 기억으로 남아 있다.

1963년의 존 F. 케네디, 1987년의 로널드 레이건 두 대통령의 베를린 연설은 베를린 장벽의 역사로 남았다. 장벽의 건설로 '육지 속의 섬'으로 변한 서베를린을 1963년 6월 26일 방문한 J. F 케네디 미 대통령은 현장에서 "Ich bin ein Berliner(저는 베를린 사람입니다)!"라며 이곳을 지키겠다는 연설을 하였고, 1987년 6월 12일에는 로널드 레이건 대통령이 브란덴부르크 문 앞에서 고르바초프 서기장에게 "장벽을 허

1961년 8월 15일 동독 경계병 콘라트 슈만이 베를린 철조망을 뛰어넘고 있다. 사진은 콘라트 슈만과 19살 동갑인 스페인 출신 사진작가 페터 라이빙(Peter Leibing)이 특종으로 촬영했다. 2011년 '유네스코 세계기억유산'에 등재됐다. Photo/Peter Leibing

물라."는 유명한 연설을 남긴다.

이 장벽을 넘다가 동독 국경경비대에 의해 사살된 사람은 136명에서 245명 사이인 것으로 추정된다. 국경 전체 장벽을 넘다가 생긴 희생자는 1,070명 이상, 적어도 1,000명 이상이 다쳤다. 현재 통일 뒤 베를린 장벽 대부분은 허문 뒤 해체됐고, 일부 구간만 역사적 자료를 위해 보존되고 있다.

이스트사이드 갤러리

베를린 장벽이 붕괴된 이듬해인 1990년 봄, 21개 국가에서 온 100여 명의 예술가는 슈프레 강 강가의 장벽 가운데 동베를린 쪽 장벽에 스프레이로 그림을 그리기 시작하는데, 지금 '이스트사이드 갤러리(East Side Gallery)'라 명명된 곳이다. 서베를린을 포위했던 총길이 약 160*km*의 장벽 중 약 1.3*km* 구간을 남겨 시내에 복원해 명소로 자리 잡았다.

이스트사이드 갤러리는 베를린 장벽의 동쪽에 1990년 세계 각국의 미술 작가들이 그린 105개의 작품으로 구성돼 있다. 1.3km라는 결코 짧지 않은 이 벽면은 세계에서 가장 길고 오래된 야외 공개 갤러리다. 갤러리에 그려진 그림은 변화된 시간을 기록하고 행복감과 더 나은 희망, 전 세계인들을 위한 밝은 미래를 표현하고 있다.

그림마다 사진을 찍는 사람들로 북적대고, 특히 동독 국민차 트라반트가 장벽을 뚫고 나오는 사진 등 인기 있는 그림들은 침식(侵蝕), 낙서(落書), 반달리즘(문화예술 파괴 운동) 등으로 인해 심하게 훼손돼 있었다. 현재는 비영리 단체가 훼손된 작품을 복원하는 작업을 2009년부터 시작, 작품의 완전한 복원과 보존을 목표로 진행되고 있다고 한다.

특히 드미트리 브루벨이 그린 레오니트 브레즈네프와 에리히 호네커

베를린을 포위했던 160km 장벽 중 동쪽 1.3km 구간을 보존한 이스트사이드 갤러리. 이곳에 진 세계 예술가늘이 100개가 넘는 작품을 그렸다. 동독 차 트라반트가 베를린 장벽을 뚫고 나오는 작품. 작은 사진은 이스트사이드 갤러리 연혁 안내판. Photo/오동룡

드미트리 브루벨이 그린 레오니트 브레즈네프와 에리히 호네커의 '형제의 키스'. Photo/오동룡

의 키스를 표현한 작품 '형제의 키스(The Brotherly Kiss)'는 심각한 훼손으로 인해 2009년 복원해야만 했다. 할아버지들끼리의 '프렌치키스'여서 좀 망측스럽다. 1979년 당시 동독 정부 수립 30주년 기념식에서 동독을 방문한 브레즈네프가 호네커와 실제로 입을 맞춘 장면을 '두 공산주의자의 치명적인 사랑'이라며 우회적으로 풍자(諷刺)하는 작품으로 유명하다.

이스트사이드 갤러리는 2013년 3월, 고급 아파트 건설을 위해 갤러리가 조성된 장벽 중 23m 구간의 철거가 계획됐는데, 이에 반발한 시민들의 시위로 인해 철거 작업이 중단됐다고 한다. 하지만 반발에도 불구하고 5m 구간이 기습적으로 철거되기도 했다. 그만큼 이스트사이드 갤러리는 베를린 시민과 독일 국민이 사랑하는 공간인 것이다.

이스트사이드 갤러리를 장사꾼들이 그냥 놔둘 리 없다. 1989년 장벽이 무너지면서 장벽의 콘크리트는 자유의 '물질적 상징물'이 됐다. 오늘날 체크포인트 찰리에서 판매되는 장벽 조각의 가격은 크기에 따라 25.9유로에서 134.9유로 사이다. 옆 가게에선 무너진 장벽의 콘크리트 조각이 기념품으로 팔리고 있었다. 박물관에서 판매되는 조각들에는 원본 증명서가 제공되기도 한다. 장벽 조각은 기념품 가게나 소매상인을 통해서도 살 수 있으나, 진짜인지 증명할 수 없어 찝찝하다.

독일의 냉전 범죄 처리

독일은 장벽이 무너진 뒤 통일을 맞았지만, 통일의 후유증은 30년이 지나도록 남아 있었다. 구독일민주공화국의 끝과 함께 독일사회주의통일당(SED) 지도부는 하루아침에 그들의 세력과 힘을 잃었다. 장벽 붕괴 후 적은 수의 지도부의 간부만이 후회하는 모습을 보였다. 몇몇 책임자들은 그들의 범법 행위로 인해 감옥에 갔지만, 책임자 대부분은 법의 심판을 받지 않았다.

에리히 호네커는 구독일민주공화국의 최고 세력자였다. 모스크바에서 이념 교육을 받은 후 그의 경력은 SED에서 시작됐다. 강경파로서 1961년 장벽 건설계획을 세우고 지휘하면서 거의 30년간 독일의 분단을 굳건히 했다. 그는 자기의 전임자 울브리히트(Ulbricht)를 밀어낸 후, 18년간 구독일민주공화국의 국가 및 정당 대표였다. 소련 공산당 서기장 미하일 고르바초프의 페레스트로이카(개혁 개방)에 반대하면서 호네커의 세력은 붕괴하기 시작했다. 이 일로 인해 호네커와 그의 정권은 생존에 꼭 필요한 모스크바로부터의 도움과 지지를 잃었다.

1989년 여름 만여 명의 사람들이 구독일민주공화국을 탈출할 때 지도부는 전혀 정상적으로 작동하지 못했다. 매달 십만여 명이 개혁을 위해 시위를 했다. 국가 지도부는 전혀 개의치 않는 모습을 보이면

1958년 독일 통일사회당(SED) 제5차 회의에서 자신의 선임자 발터 울브리히트가 지켜보는 가운데 연설하는 에리히 호네커. Photo/Wikimedia Commons

에리히 호네커의 후임자 에곤 크렌츠. Photo/Wikimedia Commons

서 그 대신 1989년 10월 7일에 독일민주공화국 40주년을 기념하는 화려한 행사를 치렀다. 그 당시 고르바초프는 베를린을 방문해 그의 유명한 말을 남겼다. "인생은 너무 늦게 온 자를 벌한다."

시민의 압력이 너무 커졌을 때쯤, 공산당 정치국은 호네커의 사임을 강요했다. 당시 암으로 투병 중이던 국가·정당 대표 호네커는 에곤 크렌츠(Egon Krenz)로 강제 교체됐다. 그 후 얼마 되지 않아 구독일민주공화국은 끝을 맞이했다. 장벽 붕괴 후 에리히 호네커와 그의 아내 마르고트는 방랑 생활을 했다. 통일 독일 정부에 의해 냉전 시기의 범죄 행위에 대해 고발당했다. 모스크바에서 1년을 지낸 후 부부는 1992년 보리스 옐친 행정부에 의해 독일로 돌아와야 했다. 에리히 호네커는 구금됐고, 그의 아내 마르고트는 칠레에 사는 딸에게로 갔다.

1992년 11월 재판의 시작과 함께 백발(白髮)의 호네커는 주먹 쥔 손을 하늘로 뻗쳤다. 그는 구독일민주공화국의 탈주자 사살에 대해 도덕적, 법적 책임을 느끼지 않았다. 호네커는 자신의 암 투병을 이유로 자신에 대한 재판 기각(棄却)을 위해 모든 법적 수단을 동원했다. 현재까지 논란이 되고 있지만, 법정은 그의 손을 들어줬다.

호네커는 그 후 칠레로 떠났고, 그곳에서 1994년 5월 산티아고에서 81세의 나이에 간암으로 사망했다. 호네커는 숨을 거두는 순간까지 전혀 후회하는 모습을 보이지 않았다고 한다. 그의 아내 마르고트 또한 마지막 순간까지 구독일민주공화국의 정권을 옹호했다. 그녀도 거의 25년간 칠레에서 망명 생활을 한 후 객지(客地)에서 사망했다.

호네커가 강요 때문에 물러난 후 독일사회주의통일당의 에곤 크렌츠(Egon Krenz)도 장벽 붕괴 4주 후 물러나야만 했다. 그는 1997년 4명의 구동독 탈주자 4명을 살해한 혐의로 7년 6개월의 징역형을 선고받았다. 그는 약 4년 후인 2003년 가석방으로 일찍 석방되었고, 현재 83세의 나이로 간혹 공식 석상에 모습을 나타낸다고 한다. 그는 여러 번에 걸쳐 본인의 부당 행위에 대해 잘못을 빌었지만, 동시에 "전 세계에 부당 행위가 없는 나라는 없다."라는 의견을 고수하고 있다.

'공포의 지배자'인 국가공안국 슈타지의 수장 에리히 밀케(Erich Mielke)는 어떻게 됐을까. 밀케는 1946년 전국적인 통제·감시·억압

동독 국가보안부(슈타지) 총수 에리히 밀케. 1907년 베를린의 가난한 바퀴 제조공의 아들로 태어나 1957년부터 장벽 붕괴 때까지 정보부 수장을 지냈다. 그의 네트워크에는 24시간 감시가 가능한 8만 5,000명의 스파이가 있었고, 17만 명의 흑색요원(MI)이 있었다.
Photo/Wikimedia Commons

시스템을 위한 보안 기관의 확장을 맡은 책임자 중 한 명이었다. 가까운 당의 친구조차도 '공포의 지배자'로 불리는 그를 두려워했다. 그는 1957년부터 1989년 베를린 장벽이 무너진 직후까지 동독 국가안보부(슈타지)의 수장을 지냈다. 독일사회주의통일당(SED) 성부의 최악질의 대리인이었던 그 또한 법의 심판을 받지 않았다.

밀케는 구독일민주공화국에서의 범죄행위에 대해 유죄를 선고받지

동베를린 소재 슈타지 본부 전경. 슈타지의 공작대상은 서독의 최고위직까지 뻗쳤다. 뤼브케 서독 대통령은 나치 시절 군사기지와 강제수용소를 건설했던 건설회사 간부였다는 슈타지의 중상모략에 결국 임기를 마치지 못하고 사임했다. Photo/독일연방기록원

않았으며, 재판은 그의 소송능력 상실을 이유로 중단됐다. 하지만 그는 베를린 경찰 두 명을 살인한 죄로 유죄 판결을 받았다. 살인은 독일법상 몇 십 년이 지나도 공소시효(公訴時效)가 소멸하지 않는다. 밀케는 6년의 3분의 2 이상을 복역한 후, 88세에 집행유예로 풀려났다. 그는 2000년 한 요양원에서 사망했고, 베를린에서 본인의 뜻에 따라 무명으로 장례가 치러졌다. 그의 묘(墓)에 있던 조화는 누군가에 의해 처참하게 찢겼다.

통독을 촉진한 동독 공산당 대변인 귄터 샤보프스키(Günter Schabowski). 그는 '종이쪽지를 들고 있는 남자'로 불린다. 그의 종이쪽지

가 구독일민주공화국을 무너뜨렸기 때문이다. 동독 주민의 대규모 탈주를 막기 위해 SED 정권은 새로운 여행 규정을 알리려고 했다. 원래 이 규정은 1989년 11월 10일부터 시행되어야 했다. 하지만 SED 정치국 대변인 귄터 샤보프스키는 그 사실을 몰랐다. 그는 생방송 기자회견에서 말을 더듬거리며 혼란스러운 듯 자신의 손으로 쓴 종이쪽지를 읽어 내려가면서, 새로운 규정이 "지금부터, 즉시 시행된다."라고 알렸다.

곧바로 수천 명의 사람이 국경으로 몰려들었다. 몇 시간이 채 되지 않아 동독 국경 수비부대원들은 몰려드는 사람들을 막지 못했고, 어쩔 수 없이 장벽을 개방할 수밖에 없었다. 동독 몰락 후 샤보프스키는 자신의 과거와 이별하고 도덕적 책임을 느낀다고 밝혔다.

총 10만여 명의 피의자들에 대한 조사가 이뤄졌으나 겨우 1,737명만이 실제로 기소됐다. 그중 절반 정도가 유죄 판결을 받았고, 대부분 집행유예나 벌금형을 받았다. 유죄 선고를 받은 사람 중에 40명만이 감옥으로 갔다. 그런데 그마저도 국가 지도부나 SED의 지도층에 속했다. 통일된 독일의 사법부는 원칙적으로 구독일민주공화국의 법을 적용해야 한다는 문제에 직면했다. 그렇기 때문에 국가공안국의 행위들 가운데 국내 첩보 행위는 동독 법에 따라 불법이 아니었으므로 처벌을 하지 못했던 것이다.

구독일민주공화국(동독)의 법은 장벽에서 탈주한 사람들을 총살한 국경 수비부대의 군인들도 처벌을 면하게 해주었다. 왜냐하면, 그들은 발포 명령에 따라 집행한 것이었기 때문이다. 132명의 군인만 징역형이나 집행유예를 선고받았다.

암펠만 신호등

이스트사이드 갤러리를 산책하는데, 횡단보도 신호등이 독특했다. 아하, 저것이 바로 암펠 만(Ampel Mann) 신호등이구나! 신호등이라는 뜻의 독일어 '암펠(Ampel)'과 사람을 뜻하는 '만(Mann)'이 합성된 이름으로 말 그대로 '신호등 사람'이다.

통독 후 동독 사람들은 모든 동독 물건들이 서독보다 열등하다고 인식했다. 그러나 어린이의 교통교육을 위해 만들어진 동독의 신호등 캐릭터 '암펠만'은 사장(死藏) 직전에 가까스로 서독 디자이너에 의해 부활하면서 잃어버렸던 동독의 가치를 극적으로 부활시켰다.

1995년 어느 날 독일의 조명 디자이너 마르쿠스 헥하우젠(현 암펠만 사 대표)은 새로운 조명에 쓸 재료를 구하느라 베를린 시가지를 걷고 있었다. 유리, 나무, 돌멩이 등 눈에 들어오는 것은 모조리 머릿속에 담아 조명으로 변신시켜 봤지만, 참신해 보이는 것은 없었다. 집으로 돌아오는 길에 헥하우젠의 눈에 쓰레기더미 사이에서 반짝이는 작은 물건 하나가 눈에 띄었다. 헥하우젠은 시커먼 먼지로 덮여 형체조차 제대로 분간할 수 없는 물건을 집어 들었다. 그것은 바로 깨진 신호등이었다.

훗날 이 신호등은 베를린에서 가장 유명하고 사랑받는 베를리너(베릴린 사람)가 되었다. 헥하우젠이 쓰레기통에서 건져 올린 그 신호등은 통일 전 동베를린에서 사용하던 신호등이었다. 세계 각국 신호등의 사람 캐릭터를 보면 얼굴과 몸집, 걷는 모습에 약간의 차이가 있지만 엇비슷하다. 하지만 이 신호등의 사람은 한눈에 봐도 머릿속에 각인될 만큼 독특한 디자인이다.

배는 톡 튀어나왔고, 머리에는 모자를 쓰고 있다. 정지신호 속 사람은 지나는 사람을 가로막기라도 하듯 팔을 양옆으로 쫙 벌리고 있고, 보행신호 속 사람은 두 팔을 휘저으며 씩씩하게 걷는 모습이다. 이 캐릭터의 이름은 암펠만. 녹색과 빨간색 두 종류의 암펠만은 각각 이름도 갖고 있다. 보행신호 속 녹색 캐릭터는 '게어', 정지신호에 있는 빨간 캐릭터는 '슈테어'다.

동독에서 암펠만 신호등을 개발한 칼 페글라우는 독일 바트 무스카우 출신으로, 통독 전까지 약 32년간 구동독의 교통 의학 사업을 이끌어온 심리학자다. 이 예사롭지 않은 암펠만의 형태 뒤에는 깊은 사회적 고찰이 숨어 있다. 1961년 동베를린은 교통 심리학자 칼 페글라우 박사에게 의뢰해 아이와 어른 모두에게 더욱 친근하게 다가갈 수 있고, 교육적 역할을 할 수 있는 신호등 아이콘을 만들었다. 친근함을 담았을 뿐만 아니라, 시력이 나쁜 노인이나 지각 능력이 성인보다 떨어지는 아이를 위해 색(色)이 차지하는 면적을 최대화했다. 그 결과물이 바로 통통하고 배 불뚝한 모양이 암펠만이었다.

그러나 이러한 좋은 디자인도 흡수 통일이라는 역사의 운명 앞에 쓰레기통으로 들어가는 신세가 됐다. 통일 이후 동독의 사회시스템이

베를린 중앙역(Berlin Hauptbahnhof) 앞의 암펠만 기념품점. Photo/암펠만홈페이지 캡처

서독 식(式)으로 흡수되는 과정에서 신호체계도 예외가 아니었다. 결국, 1994년 독일 정부는 암펠만을 평범한 모양의 서독 신호등으로 교체하기로 했다. 이때 쓰레기통을 뒤진 이가 바로 핵하우젠이었던 것이다.

암펠만의 부활은 독일 통일 이후 동독인의 마음에 남아 있던 피해의식과 문화적인 향수에 불을 지피면서 엄청난 사회적 반향을 불러일으켰다. 잊혔던 '동독의 유산(遺産)'에 대한 재조명 움직임까지 생겨났다. 1999년 첫 번째 암펠만 컬렉션이 선보이면서 다양한 상품으로 개

발된 암펠만은 곧 독일에서 가장 사랑받는 대
표 아이콘으로 떠올랐다.

결국, 1997년 독일 정부는 동베를린 지역에
암펠만을 그대로 두기로 했고, 암펠만은 단순
한 캐릭터를 넘어 동독 사람이 겪는 문화적
공황을 해소해주는 역할까지 하면서 동서독
사람의 마음속 깊이 팬 감정의 골을 메우며
진정한 '내적 통합'을 하는 매개체 기능을 하
고 있다. 보잘것없어 보이는 작은 디자인 하나
가 두 사회체계의 균열을 봉합하는 동시에 그
사회가 지닌 역사를 스토리화 해내는 역할까
지 했다는 사실은 디자인의 위력이 얼마나 큰
지 새삼 깨닫게 해준다.

이후 암펠만은 베를린을 찾는 독일 사람들
과 세계 각국의 관광객들에게 베를린에 대한
추억으로 꼭 사가야 할 '쇼핑목록 1호'가 되었
다. 처음에는 암펠만 조명에서 시작해 열쇠고
리, 컵, 티셔츠 등 다양한 물품에 암펠만 디자
인을 적용했고, 암펠만 레스토랑까지 생겼다.

암펠만 로고는 축구공, 시계, 손수건, 노트, 컵 등 생활용품
에 사용한다. Photo/암펠만 홈페이지 캡처

브란덴부르크 문

  베를린 마우어 기념물에서 차로 10분 거리(5km) 거리에 브란덴부르크 문(Brandenburger Tor)이 있다. 이 문은 서부 베를린의 중심에 자리하고 있다. 브란덴부르크 문에서는 수많은 역사적인 사건들이 일어났으며, 지금은 단순히 독일의 상징이 아니라 유럽 전체의 통합과 번영을 상징하는 건축물로 떠오르고 있다. 브란덴부르크 문은 18세기에 베를린에 지어진 초기 고전주의적인 양식의 개선문이다. 프로이센 왕국의 제4대 국왕인 프리드리히 빌헬름 2세가 바타비아 공화국과의 전쟁 이후 피폐해진 베를린을 복구하면서 1788년부터 1791년까지 아테네의 아크로폴리스를 본 따 건설했다.

  브란덴부르크 문은 초기 베를린 요새의 성벽 일부가 아니었다. 초기 브란덴부르크 문은 프리드리히 빌헬름 1세가 더 커진 베를린 시가지를 효과적으로 관리하기 위해 1730년대에 베를린 전체를 둘러싸는 'Berliner Zollmauer', 즉 관세 성벽을 새롭게 쌓았는데, 그 성벽에 난 18개의 성문 중 하나였다.

  1806년에 프로이센이 예나-아우어슈테트 전투에서 나폴레옹에게 대패한 이후, 나폴레옹은 이 문으로 개선식(凱旋式)을 함으로써 처음으로 이 문으로 개선식을 한 인물이 됐다. 그는 개선식 직후 관문 위

1989년 12월 22일 브란덴부르크 문이 공식 개통되자 전 세계 10만 명이 넘는 축하객들이 이 문으로 몰려들어 인산인해를 이뤘다. Photo/Wikimedia Commons

에 있는 사두마차 상(像)을 프랑스 파리로 옮겨갔다. 나폴레옹이 1814년에 대패한 이후, 그리고 프로이센이 다시 파리를 점령한 이후 사두마차 상은 다시 베를린으로 되돌아왔다. 이때부터 사두마차 상은 승리의 상징이 됐다.

브란덴부르크 문은 제2차 세계대전의 참화(慘禍)를 겨우 피해 파괴되는 것만은 면했으나, 전투 도중 포탄과 총안들이 기둥 군데군데 박히는 등 큰 피해를 보았다. 또한, 사두마차 상의 4개 말 조각상 중 1개를 제외한 3개의 말 머리 상이 날아가기도 하였다. 나치 독일의 항복 이후

베를린 장벽으로 둘러싸인 브란덴부르크 문. 관문 위에 있는 사두마차 상의 앞쪽이 동베를린, 반대쪽이 서베를린이다. Photo/Wikimedia Commons

얼마 지나지 않아 몰아닥친 냉전 시기에 서베를린 당국과 동베를린 당국이 함께 1957년부터 1958년까지 브란덴부르크 문을 복구했다.

이때 기둥에 뚫린 총탄 자국들이 어느 정도 복구되었으나, 이 자국들은 최근까지도 볼 수 있었다. 독일 시민들은 베를린 장벽이 세워지기 직전까지 이 문을 통해 자유로이 왕래할 수 있었다. 다만 베를린 장벽이 세워진 이후, 모든 출입은 금지됐다. 이 조치는 독일의 베를린 장벽이 붕괴한 1989년 12월 22일까지 계속됐다.

주차공간이 없어 차를 빙빙 돌리다가 잠시 내려 사진 몇 장을 담고 현장을 빠져나왔다. 베를린 장벽이 열린 날, 브란덴부르크 문 앞 장벽에 매달려 환호하던 장면을 생각한다. 그 사진은 동독 쪽 모습이다. 그때 있던 장벽은 사라지고 평지가 되어 있는 것이 신기했다.

1989년에 동독이 무너지고 베를린 장벽이 철거되자, 브란덴부르크 문은 자유와 평화를 상징하는 문으로 떠올랐다. 수천 명의 사람이 1989년 11월 9일에 베를린 장벽 정책의 붕괴를 축하하기 위해 이 문 앞에 모였고, 1989년 12월 22일 헬무트 콜 총리가 완전히 개방하는 조처를 했다. 콜 총리는 한스 모드로 동독 총리와 만나 완전한 통합을 선언했고, 이후 같은 해에 장벽의 나머지 부분도 대부분 철거했다.

1990년대 사두마차 상은 복원작업을 위해 동독 당국에 의해 임시로 옮겨졌다. 독일은 1990년 10월 3일 공식적으로 재통합됐다. 브란덴부르크 문은 한 자선가(慈善家)가 2000년 12월 21일 600만 유로를 들여 재(再)복원 작업에 들어갔다. 이후 브란덴부르크 문 앞 광장은 대부분 자갈로 덮여 포장됐고, 이곳에서 수백만 명의 사람들이 모여 대규모의 행사들을 할 수 있는 공간으로 탈바꿈했다. 30년 전 통일 당시의 광장 모습과 비교하면 천지개벽한 모습이다. 2009년 베를린 세계 육상선수권 대회에서 브란덴부르크 문을 출발, 결승점으로 사용했고, 2014년에는 독일 축구 국가대표팀이 브라질 월드컵 기념식을 이곳에서 열었다.

브란덴부르크 문 오른쪽 끝에는 미국대사관임을 알리는 성조기(星條旗)가 나부끼고 있었다. 독일 미국대사관 신불은 2008년 7월 새로 건축했다. 베를린이 통일됨에 따라 미 국무부는 한 도시에 줄지에 두 개의 주요 사무실 시설을 갖게 됐다. 동베를린의 미테 지구에는 미국

브란덴부르크 문 광장. 광장 앞을 차가 다니지 않는 인도로 만들어 각종 행사 장소로 쓰인다.
왼쪽에 성조기가 나부끼는 곳이 미국대사관 건물이다. 미 대사관 뒤쪽으로 홀로코스트 기념
관이 있고, 브란덴부르크 문 오른쪽에 의회 건물이 있다. Photo/오동룡

동독주재부가 있었고, 서베를린의 젤렌도르프 지구에는 크레알리 건
물이 있었는데 통독 후 본(Bonn)에 있는 미국대사관의 사무소로 바
뀌었다.

　1999년부터 미국은 베를린에 미국대사관을 두게 된다. 2008년까지
미국대사관은 동베를린 지역 챈서리(Chancery)에 대사관 본 건물을
두고, 부속 건물로 젤렌도르프 지구의 크레알리 건물을 부속 건물로
사용했다. 새 대사관 건물은 2008년 7월 4일 공식적으로 문을 열었다
(영사 기능은 점령 당시와 마찬가지로 여전히 서베를린 지역의 크레알리 건물에

서 한다).

1996년 건축가 무어 유델(Moore Yudell)이 설계하고, 1억 8,000만 유
로를 들여 건축했다. 대사관 건물은 파리지르 광장(Pariser Platz) 북쪽
으로 정문이 나 있다. 대사관 서쪽에는 브란덴부르크 문이 있고, 남쪽
은 독일 홀로코스트 기념관을 향했다.

독일에는 프랑크푸르트대, 튀빙겐대, 베를린대 등 주요 도시마다 대
학이 있었다. 냉전의 초기 동독 지역에 있던 베를린대 학생과 교수들
이 소련 당국의 통제가 나날이 심해지자 1948년 서베를린에 베를린자
유대를 설립했다. 즉 동독의 베를린 지역에 있는 베를린대에 맞서 설
립한 학교였으며, 설립 초기에 미국이 크게 재정 지원을 했다.

아이러니하게도 1960년대 후반 유럽의 평화운동 때 베를린자유대
학 학생들이 선봉에서 반미시위로 미국의 은혜에 보답(?)했다고 한다.
동독 지역의 베를린대학은 훗날 훔볼트대학으로 개명했지만, 과거 철
학자 헤겔이 총장을, 카를 마르크스가 공부를 했던 명문대학이었다.
베를린자유대도 정교수가 200명, 학생 수 5,000명인 세계 최고·최대
의 정치학과로 성장했다.

한편, 베를린 브란덴부르크 문 근처에 있는 북한대사관은 공관 유
지비 마련을 위해 대사관 건물 2층과 3층을 호텔로 전용하다가 2019
년 독일 정부가 영업을 정지시켰다고 한다. 유엔의 대북제재에 참여하
고 있는 독일로서는 독일 소유의 북한대사관 건물에서 호텔 영업을
하는 행위에 대해 외교 관계 마찰을 불사하고 불허했다고 한다.

북한은 냉전 종식과 함께 대사관원 수가 대폭 줄어들자 건물의 유

지비를 벌기 위해 통독 후인 1990년대 전반부터 외부 임대를 시작했다. 실제로 독일 통일 이전까지만 해도 베를린은 북한 정권이 유럽으로 진출하는 관문 역할을 했다. 이 때문에 동독 주재 북한대사관의 경우, 유럽의 외국 공관 중 러시아 대사관에 이어 두 번째로 큰 규모를 자랑했다.

1990년 독일 통일 이후 동독 주재 북한대사관은 철수하고, 1991년 1월부터 그 자리에 북한 이익대표부가 설치됐다. 2001년 3월 북한과 독일이 수교한 이후에는 북한 이익대표부는 대사관으로 승격했다. 독일 주재 북한대사관과 미국대사관은 베를린 중심가 운터데어린덴 거리를 사이에 두고 마주 보고 있었다. 그런데 미국이 2008년 브란덴부르크 문 옆 파리지에 거리로 이전하면서 마주 볼 일은 없어졌다.

2008년 7월 오픈한 미국대사관 본관 건물. 1996년 건축가 무어 유델이 설계하고, 1억 8,000만 유로를 들여 건축했다. 동베를린의 노른자 땅이다. Photo/오동룡

베를린 홀로코스트 기념관

사각 시멘트 구조물이 끊임없이 이어진 곳. 작가는 어떤 의도로 이러한 구조물들을 이 공간에 배치했을까? 미국대사관 건물 오른쪽으로 보이는 베를린 홀로코스트 기념관(Holocaust Mahnmal)이다. 이곳에 세워진 2,711개의 단순한 회색빛 비석이 600만 명의 유대인 희생자를 기리고 있다.

무조건 돌기둥 숲으로 들어갔다. 특정한 방향성 없이 기울어져 있는 돌기둥 때문에 이곳으로 들어온 사람들은 방향감각을 잃기도 한다. 회색의 비석들이 물결치는 이곳을 따라가다 보면 이 비석의 높이가 제각각이란 것을 깨닫는다. 2cm 높이의 비석이 있는가 하면 4.8m에 이르는 것도 있다. 격자무늬 형태로 세워져 있지만 1만 9,000㎡ 넓이의 면적을 뒤덮고 있어, 비석을 따라가다 보면 미로(迷路)에 빠진 듯하다.

이 기념관을 설계한 미국의 건축가 피터 아이젠먼(Peter Eisenman)은 이 기념관을 추모공간뿐만 아니라 일상(日常)의 공간으로 만들고자 했다. 지금도 이곳에서는 아이들이 비석 사이에서 놀이를 하고 어른들은 조용히 희생자들을 추모하며 천천히 비석 사이를 걷는다.

유럽의 유대인 희생자를 위한 기념관이라는 이 기념관은 제2차 세

1917년 프랑크푸르트 출생의 프리랜서 기자 출신 하인츠 소콜로프스키(Heinz Sokolowski)의 묘. 베를린 장벽의 64번째 희생자다. 1965년 11월 25일 독일 의회 건물 인근에서 탈출을 시도하다 동독 국경수비대의 사격에 복부 총상을 입고 사망했다. Photo/Wikimedia Commons

계대전 종전 60년만인 2005년 5월 냉전 당시 분단되어 있던 그 자리, 동서 베를린 접경에 세워졌다. 제2차 세계대전 종전 60주년인 2005년에 개장을 한 이 기념관은 축구장 3개를 합쳐 놓은 크기로, 히틀러와 선전상 괴벨스의 집무실 및 지하 벙커가 인근에 자리 잡고 있어서 그 의미를 더하고 있다.

이곳은 홀로코스트의 참상을 생생하게 떠올리게 한다. 비석에는 아무런 장식도 없고, 이름도 비문도 적혀 있지 않다. 대신 지하정보관에

베를린 홀로코스트 박물관. 2,711개의 회백색 돌기둥으로 구성됐다. 비석 사이를 걷다 보면 출구를 찾을 수 없을 것 같은 공포감이 불현듯 엄습하기도 한다. Photo/오동룡

홀로코스트 기념관 지하정보관. 희생된 유태인들의 이름과 평전들을 기록하고 있다.
Photo/베를린 홀로코스트 박물관 홈페이지

홀로코스트 때 희생된 것으로 확인된 유대인들의 이름이 기록돼 있다. 그들의 이름과 개인 정보는 영사기를 통해 벽에 투영되고, 대형 스피커로 그들의 전기(傳記)가 흘러나온다. 정보관 로비에는 아우슈비츠에서 살아남은 프리모 레비(Primo Levi)의 말이 다음과 같이 적혀 있다. '과거에 이런 일이 벌어졌다. 그러므로 그런 일은 다시 일어날 수있다. 이것이 바로 우리가 하고 싶은 말이다.'

　최근 들어 코로나 19를 둘러싸고 유럽 지역에서 인종주의적 경향이나타나고 있다. 독일 내 홀로코스트 기념관엔 최근 '나치' 역사를 부정하는 방명록을 남기거나 역사 콘텐츠에 거부 반응을 대놓고 보이는 방문객이 늘었다. 베를린 홀로코스트 기념관 측은 "방문자 상당수가 대량 학살의 역사적 사실을 의심하는 반응을 보였다."라면서 "몇 년 전까지만 해도 경험하지 못했던 일"이라고 했다.

체크포인트 브라보

체크포인트 브라보(Checkpoint Bravo)는 동·서독 접경 헬름슈테트·마리엔보른에 있는 체크포인트 알파(Checkpoint Alpha)에서 A115 고속도로를 타고 출발하면 서베를린 드라이린덴에 도착하는데, 이 통과지점이 바로 체크포인트 브라보다. 다시 말해, 서독 사람이 체크포인트 알파를 통해서 동독 지역으로 들어가서 한 시간 남짓 달리다 보면 서베를린에 들어가는 체크포인트 브라보에 도착하는 것이다.

서베를린 드라이린덴에 위치한 체크포인트 브라보. 서독인들이 동독 지역을 거쳐 서베를린에 들어가는 관문이었다. Photo/오동룡

체크포인트 검문소와 별도로 각종 행정업무를 관장했던 체크포인트 브라보 건물. 지금은 미니 박물관으로 조성해 놓았다. 일반인에게는 잘 알려지지 않은 장소라고 한다. Photo/오동룡

체크포인트 브라보에서 트럭들이 드나들던 게이트다. Photo/오동룡

1972년 동서독 기본조약을 통해 동독을 사실상 국가로 인정한 이후 독일 내 국경은 변경이 있었지만, 서베를린 주변 국경은 변경되지 않았다. 체크포인트 브라보는 동독 지역에서 미군이 관할하는 베를린 지역으로 들어오는 것이다. 따라서 미군(美軍)의 검문을 받아야 한다.

체크포인트 브라보 교량 건물이 도로를 가로지르고 있었고, 그 밑으로 차들이 씽씽 달렸다. 브라보 검문소에 차를 세우고 주변을 둘러보니, 마치 폐업한 주유소처럼 을씨년스러웠다. 불과 30년 전만 해도 이곳은 차량으로 미어터졌을 것이다. 1978년 7월 15일 체크포인트 브라보 사진을 보면, 자동차들은 브라보 검문소 여권 심사대에서 줄을

체크포인트 브라보의 오피스 건물. 경계선 부분에 전기 철조망 잔해가 보인다. Photo/오동룡

서서 대기하고 있고, 히치하이커들은 서베를린과 서독 사이의 환승을 위해 리프트 표지판을 들고 기다리고 있었다.

도로상의 체크인 건물은 승용차와 트럭 등이 구분해서 통과 검문을 받게 돼 있었다. 휴게소가 있는 시설, 주유소와 세관으로 쓰는 주택도 있었다. 현재 이 건물은 문화재로 보호되고 있다. 도로상의 체크인 건물과는 별도로 사무소 건물도 건너편에 있었다. 현재는 체크포인트 브라보 기념관으로 사용하고 있다. 입구 스틸 표지판에는 체크포인트 브라보의 역사를 일목요연하게 사진과 함께 소개하고 있다.

스파이 브리지

베를린 공작 섬(Peacock Island)으로 가는 중에 베를린의 글리니케 다리(Glienicker Brücke)가 나온다. 하펠 강에 놓인 이 다리는 베를린시와 포츠담시의 경계선에 있다. 베를린 주와 브란덴부르크 주의 주 경계이기도 하다. 다리 주변엔 글리니케 성(Schloss glienicke)이 있어 궁정의 이름을 땄다. 다리에 도착했을 때는 저녁 무렵이어선지 석양(夕陽)이 지고 있었고, 다리 아래로 유람선이 지나갔다.

다리를 중심으로 한 쪽은 글리니케 호수(Glienicker See), 다른 한 쪽은 융페른 호수(Jungfernsee)가 있다. 다리를 건너면 바로 베를린의 영역이 시작된다. 다리 건너편 베를린은 분단 시절 서베를린에 속한 구역, 미군이 관할하던 지역이었다. 그리고 동독 지역인 포츠담에는 소련군이 진주했기 때문에, 자연스럽게 글리니케 다리는 미국과 소련이 직접 대치하는 최전선이 될 수밖에 없었다. 어떻게 보면 특별할 것 없어 보이는 이 다리가 현대사의 질곡(桎梏)을 안고 있는 것은 그 때문이다.

스파이 맞교환은 미국과 소련이 상호 국익(國益) 수호 차원에서 냉전 시절 익히 사용하던 방식이다. 미군과 소련군은 이 다리에서 비밀 접견을 하여 서로 포로(捕虜)를 교환했다고 한다. 다리의 양쪽 끝에 양측 군인이 대치하고 있고, 포로들만 서로 다리를 건너 자기편으로 돌

베를린 공작 섬 입구에 있는 글리니케 다리. 일명 스파이 브리지라 불린다. 베를린시와 포츠담 시의 경계이자 동서독의 경계였다. Photo/오동룡

아가는, 그런 영화 속 같은 장면이 실제 벌어졌던 곳이다.

1962년 2월 10일 소련에 억류 중이던 U2기 조종사 프랜시스 게리 파워스와 미국에 억류 중이던 KGB 요원 루돌프 아벨 대령을 이 교량에서 교환한 것이 대표적으로, 냉전 시대 내내 여러 차례 동서 양방의 간첩 교환 장소로 사용됐다. 그래서 간첩의 다리(Bridge of Spies)라는 별명이 있다. 오늘날의 글리니케 다리는 포츠담과 베를린을 연결하는 통로이지만, 과거의 그런 아픔을 잊지 않기 위해 다리 주변에 과거의 관련 자료를 전시하고 있는 중이다.

2015년 공개된 스티븐 스필버그 연출, 톰 행크스 주연의 영화 〈스파이 브리지〉(영어: Bridge of Spies)로 주목을 받았다. 주인공인 톰 행

1986년 글리니케 다리에서 소련의 반체제 인사 아나톨리 슈차란스키(Anatoly Shcharansky)가 소련 스파이와 교환을 앞두고 다리 건너편에 서 있다. Photo/Associated Press

크스(제임스 도노반 역)는 비밀협상을 하러 동베를린에 왔다가 다시 서베를린으로 돌아가려고 열차에 오른다. 그때 그는 차창 밖 동독 측 철조망 지역에서 서베를린으로 탈출하려던 동독 주민이 사살당하는 모습을 보게 된다. 승객들은 경악한다. 영화 소재였던 스파이 교환은 서독이 대가를 지불하고 동독의 정치범을 서독으로 데려오는 '자유거래(Freikauf)'에 큰 영향을 주었다.

20년 후, 두 수용소의 정치범들이 글리니케 다리에서 다시 교환됐다. 동독 협상가인 볼프강 보겔은 동독과 폴란드가 체포한 25명의 서방요원과 CIA가 체포한 4명의 스파이를 교환하는 것에 동의했다. 1985년 6월 11일 양측은 23명의 억류자와 4명의 스파이를 교환했다.

마지막으로 맞교환을 한 것은 1986년 2월 11일이었다. 러시아 내 반체제 유대인 아나톨리 슈차란스키(나중에 이스라엘 부총리 역임)의 맞교환이다. 소련의 천재 수학자였던 슈차란스키는 이스라엘로 망명을 시도하다가 비밀경찰(KGB)에 체포됐다. 강제노동 수용소에서 13년 동안 지냈다. 슈차란스키와 서방의 스파이 3명 등 4명과 서방에서 체포된 소련 스파이 5명이 글리니케 다리에서 맞교환되었다.

꼭 분단의 현장은 아니더라도, 다리에 올라 양쪽으로 바라보는 주변의 경관이 매우 아름답다. 특히 글리니케 호수 건너편에는 바벨스베르크 궁전(Schloss Babelsberg)이 보인다. 바벨스베르크 궁전은 상수시 공원(Sanssouci Park), 신 정원(Neuen Garten)과 함께 포츠담의 3대 녹지(綠地) 축을 이루는 바벨스베르크 공원(Babelsberg Park)의 정상에 있다.

공원 북쪽 융페른 호반의 신 정원 안에 자리한 체칠리엔호프 궁전(Schloss Cecilienhof)은 독일의 마지막 황제 프리드리히 2세가 큰아들 호엔촐레른(Hohenzollern)의 아내 체칠리엔(Cecilien)을 위해 지어준 것이다. 황제는 수 백 년 내려오는 유럽의 전통에 따라 영국 왕실의 피가 흐르는 여성을 맏며느리로 맞아들인 것인데, 이것은 왕실의 안녕을 위해 맺은 인종의 혼인동맹(婚姻同盟)이었다.

체칠리엔 궁전은 며느리의 이름을 따서 붙인 이름이다. 1910년대 벽돌과 나무 등 전통적인 재료를 사용해 영국 튜더 양식으로 1917년 완

독일 포츠담시에 있는 체칠리엔호프 궁전. 궁전 안뜰 정원은 당시 모습 그대로를 간직하고 있다. 회담 당시 소련을 상징하는 붉은 별 모양의 꽃은 사라졌다. Photo/오동룡

공했다. 제1차 세계대전이 끝나고 프리드리히 2세는 전쟁을 일으킨 책임을 지고 큰아들과 함께 망명길을 떠났다. 1923년 호엔촐레른 왕자는 홀몸으로 다시 돌아와 가족과 함께 1945년까지 이 궁전에 살았다. 그런데 제2차 세계대전이 끝나기 전에 독일 서쪽 어디론가 피신했다. 히틀러가 정권을 잡으면 자신이 왕위에 오를 것으로 알고 나치당을 도왔기 때문에 도주하지 않을 수 없었던 것이다. 호엔촐레른 왕자가 살았던 황태자의 방은 예약을 해야만 견학할 수 있다.

이곳은 제2차 세계대전 후의 포츠담 회담이 열린 장소로 유명하

다. 1945년 제2차 세계대전을 일으킨 독일의 패망이 임박해 오자 미국, 영국, 소련의 수뇌들이 모여 전후(戰後) 독일 처리 문제와 일본 등 관련 동맹국들의 처리 문제를 협의했던 곳이다. 지금은 회담이 열렸던 궁전의 중앙 현관부분은 박물관으로, 나머지 167개의 방들은 호텔로 쓰이고 있다.

주변을 둘러보니 담쟁이덩굴로 덮인 목조 건축은 궁전이라기보다 오래된 독일 고급 농촌주택 같은 느낌이 들었다. 독특한 모양의 굴뚝이 55개나 된다. 회담이 열린 방은 그대로 보존돼 있으며, 사진 등도 전시돼 있다. 체칠리엔호프 궁전의 정원은 원래 포도밭이었다고 한다. 정원이 형성되기 전 1744년 포츠담에는 112개의 왕실 포도밭이 있었고, 30개의 개인 포도밭이 있었다고 한다.

당시 프로이센(독일이 여러 나라로 갈라져 있을 때 베를린을 중심으로 한 국가 이름) 황제는 젊은 건축기사 에이저벡에게 정원 설비를 위탁했다. 그리하여 18세기 말에 대략 75헥타르의 정원이 만들어졌다. 정원 안에 마르모르(Marmor)라는 궁전을 지었는데, 마르모르는 1817년 현재처럼 개조됐다.

궁전 안뜰의 정원은 회담 당시 모습 그대로인데, 별모양으로 장식된 꽃은 소련을, 둘레의 원은 연합군을 상징한다. 이 정원 뒤편 건물 안에서 회담이 이뤄졌는데, 당시 모습이 그대로 보존돼 있다. 회담 결과, 독일은 자신의 영토 4분의 1을 잃게 된다. 이미 얄타회담에서 예고한 내로 독일의 분할 문제를 타결한 곳이 이곳 체칠리엔 궁전이다.

우리민족의 운명을 결정짓는 중요한 회의가 이곳에서 열렸다는 사

1945년 7월 17일 열린 미·영·소 정상의 체칠리엔호프 궁전 회담 모습. 가구는 회담을 위해 모스크바에서 특별히 제작한 것들이라고 한다. Photo/조선일보DB

체칠리엔호프 궁전 뜰에서 회담을 마친 3개국 정상들이 포즈를 취했다. 왼쪽부터 처칠 영국 총리, 트루먼 미 대통령, 스탈린 소련 공산당 서기장. Photo/조선일보DB

실에 왠지 마음이 끌린다. 차를 주차하고 체칠리엔호프 궁으로 걸어가며 포츠담선언의 내용을 떠올려 보았다. 포츠담선언은 1945년 7월 26일 발표된 대일본 전쟁 처리 방침에 관한 연합국 공동선언이었다. 일본은 무조건 항복을 하고, 군국주의를 배제하고 민주주의를 회복시킨다는 원론적 이야기를 하면서 한국의 독립을 약속한 회담이었다.

나치 독일을 패망시킨 연합국이 느긋하게 일본의 목을 조르는 회담을 한 것이다. 그 조건 중에서 일본의 영토를 현재의 일본 영토로 환원하고, 한국의 독립을 약속한 카이로선언의 조건을 지키라는 것이었다. 그러나 일본은 이 선언을 무시하고 항복을 거부하다가 나가사키와 히로시마에 원폭 참화를 당하고 나서 항복함으로써 우리 민족은 1945년 8월 15일 해방을 맞이한 것이다.

포츠담협정이 체결됐던 포츠담 회담장의 협상 테이블은 직경 3.05m의 둥근 탁자로, 회담을 위해 모스크바에서 만들었다. 의자는 정상들을 위해 천사(天使)의 머리를 장식했고, 팔걸이가 있는 것이 3개, 팔걸이 없는 작은 것이 12개 등 도합 15개다. 참나무로 1900년경에 네덜란드에서 만든 것이라고 한다.

베를린 올림픽 스타디움의 손기정

하루 일정을 마치고 숙소로 돌아가면서 베를린 올림픽 스타디움에 잠시 들렀다. 분데스리가 소속 홈팀인 '헤르타 베를린'이 리그경기를 벌이는 모양이다. 북소리와 함성소리가 떠들썩했다.

이곳은 1938년 손기정(1912~2002) 선생이 1936년 8월 베를린 올림픽에서 올림픽 신기록인 2시간 29분 19.2초로 골인한 그 역사적 장소였다. 그때는 도이치 경기장(Deutsches Stadion)이라고 불렀다고 한다. 손기정 선수가 일장기를 손으로 가리고 시상대에 올라 있는 사진은 필자 일행이 현장에 도착한 시각과 비슷했다.

베를린 올림픽에서 마라톤 풀코스를 완주하며 우승한 바로 그 스타디움이었다. 지금도 1974년 한 차례 리모델링했을 뿐, 그때의 원형을 그대로 간직하고 있다고 한다. 현재의 경기장은 평지보다 낮은 공간에 트랙과 필드가 만들어진 특이한 구조다. 분데스리가 관람객의 함성은 그때 손기정 선수가 스타디움에 들어섰을 때도 저렇게 우렁차게 환호하는 함성으로 들렸을 것이다.

1936년 8월 3일 베를린 올림픽 스타디움에서 열린 올림픽 육상 100m 결승에서 23세의 미국 국가대표 제시 오언스가 10.3초 기록으로 우승, 금메달을 땄다. 다음날 열린 멀리뛰기(8.06m)와 5일의

1936년 8월 9일 손기정 선수가 베를린 올림픽 마지막 공식경기에서 스타디움에 운집한 12만 명 관중들의 환호를 받으며 골인하는 순간. 시상식에서 손기정 선수가 월계수로 일장기를 가리고 있다.

Photo/Wikimedia Commons

손기정 선수가 마라톤 우승할 당시의 도이치 경기장. 현재는 베를린 올림픽 스타디움이라고 부른다. Photo/오동룡

200m(20.7초), 9일의 400m 계주(39.8초)까지 석권하며 그는 4관왕이 됐다. 육상 100m 결승 직후 히틀러가 오언스와 악수하는 걸 거부했다는 설(說)이 지금도 도는 건, 그가 올림픽을 아리안 민족의 우수성의 선전하는 선전장으로 활용하려 했기 때문이었다. 그런 히틀러에게 동맹국 '일본인'의 우승은 '가뭄의 단비'같은 소식이었다.

베를린 올림픽의 하이라이트인 마라톤 경기는 1936년 8월 9일 치러졌다. 우승 후보로 꼽히던 아르헨티나의 사발라(Zabala)와 손기정의 다툼이었다. 처절한 사투는 후반의 막바지 코스인 비스마르크 언덕에서 손기정이 앞서 가던 사발라를 추월하면서 결판이 났다. 아돌프 히틀러는 경기 다음 날 손기정을 면담하고 격려했다.

베를린스포츠협회 안뜰에 세운 손기정 선수 동상. 당초 2점을 제작해 서울올림픽 주경기장과 베를린 올림픽 주경기장에 설치하려 하려고 했으나, 베를린 당국과 협의를 통해 2016년 주경기장 코스 인근 부지에 설치했다.
Photo/오동룡

당시 일본의 지배 아래에 있었기 때문에 그는 일본 대표 팀에서 일장기를 달고 뛰어야 했고, 이름의 로마자 표기도 일본식으로 읽은 손기테이(Son Kitei)라고 했다. 하지만 손기정은 한국어 이름으로만 서명했으며 그 옆에 한반도를 그려 넣기도 했다. 인터뷰에서도 그는 자신의 모국이 한국이라고 밝혔다. 시상식 때도 태극기가 아닌 일장기가 올라오는 것을 보고 눈물을 흘렸다.

그는 경기 후 일본 선수단이 여는 축하 파티에 참석하지 않고 베를린의 조선인 두부공장에서 열린 우승을 축하하는 모임에 참석하였다. 경기 직후 동아일보가 그의 사진에서 일장기를 지워 버린 '일장기 말소 사건'이 일어났다. 손기정 자신은 귀국할 당시, 환영 대신 경찰들로부터 감시를 받아야 했다. 동아일보가 정간되고 많은 기자가 고초를 낭했나는 소식을 들은 손기정은 "마라톤 우승을 반납하고 싶다."라고까지 말했다.

베를린 올림픽 스타디움 후문에 있는 베를린스포츠협회 건물로 들어서니 그곳 뜰에 손기정(孫基禎) 선수의 동상이 있었다. 등번호 382번, 가슴에 일장기가 아닌 태극기를 단 손기정 선수가 골인하는 동상이었다. 손기정기념재단은 마라톤 우승 70주년인 2006년 동상을 2점제작해 1점은 서울올림픽 주경기장에, 나머지 1점은 베를린 올림픽주경기장에 설치하려 했다. 그러나 독일 관계당국과 합의점을 찾지 못해 2010년 베를린에 전달된 동상은 주경기장이 아니라 주독 한국대사관 안에 보관돼 왔다.

그러다가 2016년 10월에야 손기정기념재단과 베를린스포츠협회는주경기장 코스 인근 부지로 옮기기로 합의하고 2016년 12월 2일 동상을 옮겼다. 양측은 2026년까지 전시하되 마지막 해 3개월까지 어느한쪽의 이의가 없다면 자동으로 5년씩 전시기간을 연장하기로 했다.2016년 12월 12일 마침내 80년 전 베를린 올림픽 마라톤 우승 당시코스 인근에서 공식 제막식을 갖게 된 것이다.

동상이 들어선 곳 주변에 육상 실내연습장이 있어서 젊은 육상선수들이 오가며 손기정 선수의 스포츠정신을 기릴 것 같다. 또한, 태극기를 가슴에 새긴 것도 일장기를 달아야 했던 역사적 사실을 부정하는 차원이 아니라 한국인 우승자로 기억되기를 바란 손기정 선생의유지가 반영된 것 같아 마음이 가벼웠다.◎

제2장

독일 통일 전개과정

1970년 3월 19일 동독 튀링겐 주 에르푸르트(Erfurt)에서 동·서독 첫 정상회담이 열렸다. 그로부터 1990년 통일이 이뤄지기까지 정확히 20년의 세월이 필요했다. 김대중(金大中) 전 대통령과 김정일(金正日) 전 국방위원장은 남북 정상 자격으로 2000년 6월 처음으로 만났다. 지금으로부터 20년 전의 일이다. 독일과 같을 수는 없지만 20년의 세월이 필요하다고 치면 통일의 시기가 다가오고 있는 것만은 분명하다.

제2차 세계대전이 끝난 후 전승 4국(미국·영국·프랑스·소련)은 독일을 분할 점령했고, 독일의 분단과 분단의 소멸에 관해 국제법적 권리를 가졌다. 독일 통일이 가능했던 요인은 여러 가지가 있지만 가장 중요한 것이 동독 주민들의 간절한 통일 열망과 서독의 경제력과 외교력이었다. 1988년 미하일 고르바초프 당시 소련 대통령의 개혁·개방 바람이 불었지만 동독은 이에 역행했다. 북한이 중국식 개혁 개방을 거부하고 '주체사상'과 '선군정치'로 스스로 고립을 자초하는 것과 유사한 상황이다.

동독 주민의 동독 탈출이 이어졌고 시위도 거세졌다. 1989년 9월 헝가리가 오스트리아 국경을 개방하자 20일 만에 동독 주민 2만 4,000명이 오스트리아를 거쳐 서독으로 탈출했다. 희망을 잃은 20~40대 청장년층이 주로 떠났다. 서독은 그들의 안정적인 서독 정착을 위해 지원책을 마련했다.

그러던 중 1989년 10월 자유를 외치는 시민 봉기인 동독 혁명이 일어났다. 동독 정부는 시위를 무력으로 진압하려고 시위가 열린 라이프치히에 무장세력 8,000여 명을 배치했지만 시위대는 군대를 압도했다. 당시 동독인의 84%가 독일 통일에 찬성했다. 서독은 1963~1989년 기간 동안 3만 3,755명을 송환한 동독에 그 대가로 34억 6,400만 마르크에 해당하는 현물을 건넸다. 당시 환율로 대략 1인당 10만 마르크 정도로 계산하면 5,300만 원에 해당한다. '돈으로 자유를 산다'는 뜻의 '프라이카우프(Freikauf)' 방식으로 경제난에 빠져있던 동독을 돈의 힘으로 굴복시켰던 것이다.

통독의 기폭제, 베를린 장벽 붕괴 전후로 들어가 보자. 1989년 11월 9일 베를린 장벽이 무너졌을 때, 헬무트 콜 당시 서독(독일연방공화국) 총리는 폴란드를 방문 중이었다. 콜 총리가 폴란드 마조비에츠키 총리와 저녁 만찬을 위해 파르코프카 영빈관을 막 떠나려 할 때였다. 총리실 자이터스 실장은 콜 총리에게 동독 공산당의 샤보프스키가 11월 9일 밤 여행 자유화 조치를 발표했다고 보고했다. 보고를 받은 콜은 "그럴 리가… 정말이오?"라고 반문했다.

호텔에서 TV를 통해 베를린 상황을 지켜보던 콜 총리는 다음날 야루젤스키 대통령과의 회담을 취소하는 무례에도 불구하고 폴란드 측에 양해를 구한 후 즉시 베를린으로 가기로 했다. 하지만 콜 총리를 태운 전용기는 폴란드에서 서베를린으로 직행할 수 없었다. 베를린에 대한 4개국(미국·소련·영국·프랑스) 협정상 서독 공군기는 동독 영공 통과는 물론 베를린 착륙도 금지돼 있었다. 콜 총리는 일단 함부르크로 간 후, 버논 월터스 주독 미국대사의 협조를 받아 미 군용기로 갈아틴 후 서베를린으로 들어갈 수 있었다.

독일 통일 찬성한 것은 미국이 유일

그날 서베를린 시에서는 베를린 장벽 붕괴를 축하하는 행사가 두 군데서 열렸다. 하나는 쇤네베르크에 있는 서베를린 시청 앞에서 사회민주당(사민당) 소속인 발터 몸퍼 시장이 주최하는 행사였고, 다른 하나는 게대히트니스키르헤 인근에서 서베를린 기독교민주당(기민당)이 주최하는 행사였다.

여론의 관심을 끈 것은 서베를린 시청 앞에서 열린 행사였다. 여기에는 헬무트 콜 총리 외에도 한스 디트리히 겐셔 외무장관, '동방 정책'으로 유명한 빌리 브란트 전 총리 등이 참석했다. 몸퍼 시장은 "독일 사람이 세상에서 제일 행복한 국민"이라면서도 이날을 '통일의 날'이라고 하지 않고 '다시 만난 날'이라고 표현했다. 브란트 전 총리는 "긴 항해 뒤의 아름다운 날"이라며 "우리는 이제부터 함께 자라서 함께 어우러졌던 위치에 있게 됐다."라고 했다.

콜 총리와 함께 폴란드에서 돌아온 겐셔 외무장관도 '통일'과 연관될 수 있는 말은 가급적 피해가면서 인접국과 세계를 향해 "앞으로 독일 사람들에 대해 어떠한 두려움도 갖지 말아 달라."고 호소했다. 콜 총리가 연설하려 할 때 청중들이 불어대는 휘파람 소리 때문에 연설을 제대로 할 수 없었다.

1987년 6월 12일 로널드 레이건 미국 대통령이 서독을 방문해 브란덴부르크 문과 베를린 장벽을 뒤로하고 연설하고 있다. 레이건 대통령은 "고르바초프 씨, 이 장벽을 허뭅시다."라고 연설해 환호를 받았다. Photo/Ronald Reagan Presidential Library

콜 총리는 "지금 중요한 것은 공동의 미래를 향해 신중하게 한 걸음 한 걸음 길을 찾아 나아가는 것"이라면서 "신중하고 현명하게 행동해 달라."고 당부했다. 콜 총리는 이날 그 자리에서 연설한 정치인 가운데 유일하게 지난 40여 년 동안 자유베를린을 위해 보여준 지원에 대해 미국·영국·프랑스에 감사를 표하는 한편, 고르바초프 소련 공산당 서기장 겸 대통령에게도 경의를 표했다.

연설을 마친 후 콜 총리는 동·서 베를린 접경에 있던 검문소 '체크포인트 찰리'로 향했다. 동독산 국민차 트라반트를 몰고 동베를린에서 밀려온 동독인들은 콜 총리를 알아보고 "헬무트 콜!"을 연호하면서 눈물을 흘렸다.

수도 본으로 돌아온 콜 총리에게 루돌프 자이터스 총리실장은 동독 측이 사회주의통일당(공산당) 서기장 에곤 크렌츠와 콜 간의 양독 정상(頂上)회담을 제의해왔다고 보고했다. 제2차 대전을 승리로 이끈 뒤 독일을 분할 점령한 미국·영국·프랑스·소련 등 4개국 중 시종일관 독일 통일을 찬성한 것은 미국이 유일했다. 마거릿 대처 영국 총리는 속으로는 내키지 않았지만 "자유를 향한 위대한 날이었다."라고 축하해 주었고, 조지 H. 부시 미국 대통령은 베를린 장벽 붕괴 이튿날인 11월 10일 '베를린 장벽의 붕괴는 독일 통일의 첫 신호'라는 축하 전문을 보냈다.

독일의 빛나는 외교력

베를린 장벽 붕괴라는 역사적 순간에 벌어진 국내외의 상황들은 1990년 10월 3일 독일이 통일될 때까지 329일간 콜 총리가 헤쳐 나가야 했던 상황을 '예고편'으로 보여준다. 제2차 세계대전의 패전국으로 서베를린에 대한 통제권을 비롯해 주권의 일부를 여전히 점령 4개국이 보유하고 있고, 통일의 그날까지 그들의 눈치를 봐야 했던 상황이었다. 또 미국의 지지를 가슴 졸이며 확인해야 했고, 폴란드 등 이웃나라들과의 풀리지 않은 과거사 문제, 통일을 둘러싼 독일 내부의 정치적 갈등 등 수많은 과제를 떠안고 있었다.

이러한 난제들을 안은 헬무트 콜은 이날부터 이데올로기로 갈라진 두 나라의 평화적 통일이라는 커다란 숙제를 안고 출발했다. 그리고 329일 후 독일연방공화국은 '통일'이라고 하는 목표를 달성했다. 그것이 가능했던 것은 경제력을 바탕으로 모처럼 다가온 통일의 기회를 놓치지 않고 낚아챈 독일의 외교력일 것이다.

분단 이후 수많은 고민과 시행착오, 그로 인해 터득한 경험이 독일 통일의 원동력이었다. 물론 이러한 것을 가능케 한 깃은 독일의 외교력이었다. 나치 독일이 패망하고 영토의 4분의 1은 폴란드와 소련에 넘어가고, 나머지 영토와 수도 베를린마저 미국·소련·영국·프랑스 등

폴란드 남부에 있는 나치 독일의 아우슈비츠 수용소 모습. Photo/Wikimedia Commons

전승 4대국에 분할당한 것은 독일인들에게는 엄청난 충격이었다. 게다가 전후(戰後)에야 비로소 유대인 학살의 참상(慘狀)을 알게 된 평범한 독일인들은 자기들이 저지른 만행에 할 말을 잃었다.

매력적인 자석

무너진 나라를 재건해야 했지만 어떤 길을 택할 것이냐에 대해서는 의견이 엇갈렸다. 1871년 독일제국(제2제국)이 성립된 후 70여 년간에 걸쳐 이룩한 모든 성취가 사라진 당시 상황을 독일인들은 '영시(零時·Stunde Null)'라고 불렀다.

한쪽에서는 분단을 거부하고 재통일(再統一)을 요구했다. 독일에서는 '통일'은 1871년 비스마르크에 의한 통일을 지칭하며, 제2차 세계대전 후의 통일은 '재통일(Wiedervereinigung)'이라고 표현한다. 대부분의 국민은 재통일을 당연한 것으로 받아들였다. 존경받던 사회민주주의 정치인인 사민당의 쿠르트 슈마허는 물론, 보수정당인 기민당의 야콥 카이저 같은 사람들이 이런 입장이었다.

반면에 재통일보다는 안으로는 자유민주주의와 시장경제 체제의 구축을, 밖으로는 미국을 비롯한 서방세계로의 편입을 통해 국제사회의 신뢰를 회복하면서 통일을 위한 실력을 기르는 것이 중요하다고 생각하는 이들도 있었다. 초대 총리가 된 콘라트 아데나워(Konrad Adenauer)같은 이들이 대표적이었다.

아데나워는 이미 1945년 7월 한 언론사 편집국장에게 보낸 사신(私信)에서 "소련이 철(鐵)의 장막을 치고 있다."라고 경고했다. 윈스턴 처

콘라트 아데나워(1876~1967)는 서독의 초대 총리다. 분단 직후 독일을 건국한 인물이다. 1950년부터 1966년까지 독일 기독교 민주연합(CDU)의 총재를 지냈다. 또한 1951년부터 1955년까지는 외무장관을 겸임했다. Photo/Wikimedia Commons

칠이 그 유명한 '철의 장막' 연설을 하기 꼭 8개월 전이었다. 아데나워는 '서방세계, 특히 미국과의 긴밀한 관계 수립'을 대외(對外)정책의 제1의 목표로 내세웠고, '우리 독일을 믿을 수 있게 만드는 것이 첫 번째 계명'이라고 믿었다. 아울러 '국내적으로는 서독이 민주주의 체제하에서 번영을 구가(謳歌)하게 되면 동독 주민들이 서독에 대해 엄청난 매력을 느끼게 될 것이므로, 아무리 혹독한 공산주의도 통일을 이루지 못하게 동독 주민들을 막을 수 없을 것'이라고 내다보았다.

아데나워는 국내정치적으로도 든든한 사회보장제도와 개인의 자유를 바탕으로 국민 대다수가 일체감을 갖는 국가 내지 사회를 만들어내 동독 사람들에게 서독이 '매력적인 자석(磁石)'이 되어야만 독일의 자유통일이 가능하다고 믿었다. 이후의 독일 통일의 과정을 보면 아데나워의 판단이 옳았음을 보여주었다.

아데나워는 독일조약·유럽방위공동체조약·런던 외채협정 체결(1952년), 나토 가입(1955년), 유럽경제공동체 창설(1957년), 독불협력조약 체결(1963년) 등을 통해 서방세계로의 통합이라는 자신의 신조를 차근차근 실천에 옮겼다. 이러한 외교정책을 차질 없이 수행하기 위해 아데나워는 1955년까지 자신이 외무부 장관직을 겸임했다.

할슈타인 원칙

소련이 미국 쪽으로 다가가는 아데나워의 행보를 가만 놔둘 리 없었다. 스탈린은 '스탈린 각서'를 통해 1952년 3월과 4월에 전(全) 독일 자유선거에 의한 재통일을 제안하고 나섰다. 스탈린은 모든 외국군의 철수와 독일의 군대 보유 허용도 약속했다. 하지만 여기에는 노림수가 있었다. 통일 독일은 '중립국'이 되어야 한다는 요구가 바로 그것이었다. 당시는 서독이 나토 가입을 눈앞에 두고 있을 때였다.

사민당의 쿠르트 슈마허는 물론 기민당의 야콥 카이저 같은 정치인들도 '통일의 마지막 기회'라며 이 제안을 받아들이라고 열렬히 촉구했다. 하지만 아데나워 총리는 스탈린의 제안이나 국내의 압력을 일축했다. 그는 "평화롭고 자유로운 독일 재통일을 가져올 유럽 질서의 재편은, 서방세계가 소련에 대해 외교적·정치적으로 자신의 의지를 주장할 수 있을 만한 힘을 충분히 길렀을 때나 가능하다."라고 반박했다. 오이겐 게르스텐마이어 하원의장은 1954년 4월, 기민당의 외교정책을 설명하면서 "독일의 첫째 목표는 자유이고, 둘째는 평화이며, 재통일은 세 번째에 불과하다."라고 공언했다.

1955년 5월 5일 그동안 서독을 속박해왔던 점령조례(占領條例)가 폐지되고 주권을 회복하던 날, 아데나워는 연방의회에서 이렇게 연설했다.

"동독 동포들이여! 여러분은 우리에게 속하며 우리는 여러분에게 속합니다. 우리가 다시 얻은 자유에 대한 기쁨은 여러분이 이를 누리지 못하는 한 계속해서 반감(半減)될 것입니다. 여러분은 우리를 믿어도 좋습니다. 우리는 여러분이 인권(人權)을 얻고 평화적으로 통일을 이룩할 때까지 쉬지 않고 자유세계와 함께 투쟁할 것이기 때문입니다."

이러한 생각에서 서독 정부는 자신들이 독일의 유일 합법정부이며, 대외적으로도 자신들이 전체 독일인들을 대표한다고 주장하면서, 동독을 국가로 승인하는 나라와는 단교(斷交)한다는 방침을 표명했다. 이를 '할슈타인 원칙(Hallstein Doctrine)'이라고 하는데, 우리나라도 1973년 6·23평화통일외교특별선언이 나올 때까지 이 원칙을 준용(準用)했다.

한편 서독 정부는 1961년 동독의 인권탄압 행위에 관한 정보를 수집·기록하는 잘츠기터중앙기록소도 만들었다. 이 기구의 존재는 동독에는 큰 부담이 되었다. 동독은 잘츠기터중앙기록소의 폐지를 계속 요구했고, 일부 사민당 정치인도 이에 동조했다. 하지만 이 기구는 동방정책에도 불구하고 통일이 될 때까지 살아남았다.

미소 데탕트 시대

처음에는 아데나워의 정책에 완강하게 반대하던 사민당도 아데나워의 정책들을 수용하기 시작했다. 1959년 사민당은 바트 고데스베르크에서 강령(綱領)을 개정, 종전의 마르크스 혁명적 사회주의 정당의 냄새를 털어버리고 국민정당으로의 변모를 시도하기 시작했다. 이 시기를 전후해서 헤르베르트 베너 등 사민당 지도부는 나토 가입, 연방군 건설 등 아데나워의 외교·안보정책을 받아들인다고 선언했다. 후일 동방 정책을 추진하는 빌리 브란트 등 사민당 내 젊은 정치인들도 친미 반공(親美反共) 노선을 지지했다. 훗날 빌리 브란트가 추진하게 되는 동방 정책도 큰 틀에서는 아데나워가 만들어놓은 국가 정체성(正體性)을 인정하는 바탕 위에서 추진된 것이라는 이야기다.

하지만 1960년대에 접어들자 아데나워의 방침에 대한 회의(懷疑)가 나오기 시작했다. 우선 미국과 소련 간에 데탕트 분위기가 조성되기 시작했다. 특히 미국과 서유럽에서는 제2차 세계대전 이후 만들어진 국경선과 소련의 세력권을 인정하는 바탕 위에서 소련과 대화를 하는 것이 현실적이라는 생각이 자리 잡기 시작했다. 1961년 8월 베를린 장벽 구축은 이를 확인하는 결정적인 계기가 됐다.

1945년 이후 동베를린을 비롯한 동독에서 서베를린-서독으로 탈주한 사람들은 줄잡아 300만 명에 달했다. 이러한 추세는 1961년으로 접어들면서 더욱 급속해져서 그해 8월까지 20만 명이 서독으로 탈출했다. 이들 가운데 상당수가 의사·엔지니어 등 고급 인력이었다. 이들의 대탈주는 서독의 경제발전에 큰 역할을 했지만, 동독에는 큰 손실이었다. 특히 체제 경쟁 상황에서 동독 탈출자들의 '발로 하는 투표'는 이른바 동독(독일민주공화국)의 정통성에 치명적인 타격을 가했다. 한편 소련공산당 제1서기 흐루쇼프는 베를린의 지위 문제를 놓고 끊임없이 긴장을 조성했다.

아데나워 노선에 반발

1961년 8월 13일 동서 베를린을 가르는 철조망이 쳐지고 장벽이 구축되기 시작하자 서베를린 시민들과 서독 국민들은 격분했다. 서베를린 시장이던 빌리 브란트는 연합군 사령부로, 분노한 시민들 앞으로 쫓아다니느라 혼이 나갔다. 급기야 케네디 미국 대통령에게까지 편지를 보내 조치를 취해달라고 호소했다. 케네디는 브란트에게 보낸 편지에서 동정의 뜻을 표하면서도 장벽을 제거하기 위해 미국이 군사적 행동을 취하지는 않겠다는 뜻을 분명히 했다. 당시 선거 유세 중이던 아데나워는 며칠이 지나서야 서베를린에 모습을 드러내는 바람에 시민들에게 욕을 바가지로 얻어먹었다.

하지만 장벽 건설로 탈출자들을 막을 수 있게 된 동독 공산 정권만 만족해 한 것은 아니었다. 베를린 시민들은 격앙했지만, 서방진영은 소련이 서베를린을 침공하지 않을 것으로 보고 안도했다. 빌리 브란트는 1989년에 발간한 《Willy Brandt: Erinnerungen》(빌리 브란트: 회고록)에서 "서방에 대한 신뢰가 깊이 흔들렸다."며 "베를린 사람들에게는 경악의 날이었다."라고 했다.

빌리 브란트는 이 사건을 통해 독일 문제에 대해 서방세계가 할 수 있는 것과 못하는 것의 한계를 명확하게 파악했다. 그의 동방 정책은 이런 현실적 체험에 바탕을 두고 나왔다. 브란트는 베를린 장벽 사건에서 독일 내에 두 개의 국가가 실재한다는 것을 실감하고, 서로 동등한 차원에서 정부 당국 간 교섭을 진행해야 한다는 현실주의적 생각을 굳혔다. 그가 생각한 바람직한 해결 방향은 동독의 걱정을 덜어주고, 국경과 장벽으로 야기된 독일인들의 고통을 완화시키는 것이었다.

브란트의 이러한 생각을 이론적으로 잘 다듬어 준 사람이 있었다. 그가 바로 언론인 출신으로 브란트의 공보실장이 된 에곤 바르(Egon Bahr)였다. 에곤 바르는 1963년 7월 투칭에서 열린 한 토론회에서 '접근을 통한 변화(Wandel durch Annäherung)'라는 개념을 처음으로 내놓았다. 그의 주장은 같은 행사에서 빌리 브란트가 했던 연설보다 훨씬 더 여론의 주목을 받았고, 이 제목은 브란트의 동방 정책을 설명하는 대표적 어구가 됐다. 에곤 바르는 브란트와 함께 동방 정책의 공동 추진자로 역사에 이름을 올렸다.

한편 아데나워는 갈수록 데탕트로 기우는 미국의 자세에 불안을 느끼고 프랑스 드골 대통령에게 접근했다. 1963년의 독불협력조약(엘리제조약)은 이런 배경에서 나온 것이었다. 이러한 흐름은 후일 유럽통합, 즉 EU(유럽연합) 창설로 이어졌다. 반면에 당시 루트비히 에르하르트 경제장관(아데나워의 후임 총리) 등은 프랑스가 미국을 대신할 수 없다고 생각해서 이에 반발했다. 그러나 이러한 주장들은 모두 독일 외교의 중요한 자산으로 남아 훗날 통일의 밑거름이 됐다.

1963년 10월 아데나워의 뒤를 이어 루트비히 에르하르트(Ludwig Erhard)가 서독 총리 자리에 올랐다. 그는 경제 관료로 '라인강의 기적'

'동방 정책'을 의욕적으로 추진하던 1972년 당시 빌리 브란트 총리와 에곤 바르 특임부 장관 (오른쪽)이 대화를 나누는 모습. 에곤 바르는 빌리 브란트에게 '접근을 통한 변화'를 추진하도 록 조언했다. Photo/독일 공보처

의 사실상의 설계자였다. 정부가 들어서면서 보수적인 기민당 정부도 나름 정책 전환을 시도했다. 동독의 존재는 부인하되 소련 및 동구와 의 관계 개선은 추구하면서 분단, 특히 베를린 장벽 구축으로 인한 고 통들을 완화시킬 수 있는 방안들을 모색해보겠다는 것이었다. 그러나 총리 자리에서는 물러났지만 여전히 기민당 총재 자리를 지키고 있던 아데나워를 필두로 한 기민당의 주류적 입장은 소련과 동독의 독재체 제를 간접적으로라도 용인해야 한다면 데탕트가 무슨 소용이냐는 것 이었다.

독일 초대 경제부 장관(1949~63년)이자 제2대 총리(63~66년)인 루트비히 에르하르트. 전쟁의 폐허에서 허덕이던 독일인들에게 먹을 것을 해결해준 리더였다. 그가 항상 입에 물고 다닌 시가는 연기를 내뿜는 공장 굴뚝을 연상시켰고, 뚱뚱한 체구는 새로운 풍요의 상징이었다. 1964년 12월 서독 에르하르트 총리와 회담하는 박정희 대통령. Photo/조선일보DB

하지만 시대는 이미 변하고 있었다. 사민당의 빌리 브란트는 유럽의 현 상황을 기정사실로 인정해야만 변화가 생기고, 동독 주민들의 '생활의 질(質)'도 개선할 수 있다고 주장했다. 서베를린 시장으로서 빌리 브란트는 1963년 동베를린시 당국과 접촉해 그해 성탄절 휴가 중 서베를린 주민들의 동베를린 방문을 성사시켰다.

이때 브란트는 동베를린과의 합의문에서 동베를린을 '독일민주공화국(동독)의 수도(首都)'라고 명기했는데, 이는 동독이 정치적 실체(實體)

임을 처음으로 인정하는 것이었다. 이후 1966년까지 신정, 성탄절, 부활절, 그 밖의 몇몇 기독교의 종교적 축일(祝日)에 동서독 주민들 간의 왕래를 허용하는 협정이 동서독 간에 맺어졌다. 빌리 브란트는 훗날 자신의 회고록에서 "여러 해가 지나고 나서야 사람들은 아무것도 하지 않는 것보다는 그래도 뭔가 조금씩 해나가는 것이 낫다는 것을 깨닫기 시작하는 것 같았다."라고 회고했다.

사민당은 물론 기민당의 연정(聯政) 파트너인 자유민주당(자민당) 내에서도 동독을 국가로 승인하고 오데르-나이세선을 독일-폴란드 국경으로 인정하자는 주장이 대세를 이루기 시작했다. 다시 말해 제2차 세계대전 이후 소련 및 폴란드가 차지한 옛 독일 영토를 포기하자는 것이었다.

코끼리들의 결혼

1966년 12월 기민당과 사민당이라는 양대 정당이 연립정부를 구성하는 대연정(大聯政)이 출범했다. 기민당의 쿠르트 게오르크 키징거(Kurt Georg Kiesinger)가 총리를, 사민당의 빌리 브란트가 부총리 겸 외무장관을 맡았다. '코끼리들의 결혼'이라는 소리를 들은 대연정은 전체 하원의석 중 총 447석을 차지했다. 기민당의 연정 파트너였다가 밀려난 '유일 야당'인 자민당의 의석은 49석에 불과했다.

대연정이 출범한 것은 당시 산적해 있던 시대적 과제들을 해결하기 위해서였다. 가장 큰 과제는 그때까지도 미국·영국·프랑스 등 점령 3개국이 갖고 있던 비상사태 선포권을 넘겨받아 기본법(헌법)에 이를 명시하는 개헌(改憲)을 단행하는 것이었다. 이는 서독이 완전한 주권 회복을 위해 한 걸음 더 나아가는 것이었다. 그러나 좌파 세력, 지식인, 학생들은 압도적 다수 의석을 확보한 대연정이 나치와 같은 독재 체제를 부활시키려는 것이라며 강력히 반발했다.

당시 독일은 훗날 '문화혁명'이라고 일컫게 되는 홍역을 치르고 있었다. 1950년대 '라인강의 기적' 덕분에 전후 복구를 완결 짓고 풍요를 누리게 됐지만, 그 풍요의 과실을 따 먹게 된 젊은 세대들은 부모 세대를 향해 "당신들은 히틀러가 전쟁을 일으키고 유대인들을 학살하고 있을 때 뭐 하고 있었었느냐?"고 삿대질을 하기 시작한 것이다. 곧이어 나치 전력(前歷)이 있는 기민당 요인들이나 보수 매체에 대한 공격이 이어졌다.

하인리히 뤼브케 대통령은 나치 시대에 군사기지와 강제수용소 건설을 했던 건설회사 간부였다는 이유만으로 '나치'라는 공격에 시달리다가 임기 만료 전에 사임했다. 나치 시절 외무부 부국장이었던 키징거 총리도 젊은 여성으로부터 따귀를 얻어맞았다. 정신 병리학자 알렉산더 미첼리히는 이러한 현상을 '아비 없는 사회'라고 표현했다.

'아비 없는 사회'의 젊은이들의 불만은 결국 1968년 68사태로 폭발했다. 그 배후에는 동독의 비밀경찰 슈타지(국가안전부)의 공작이 있었다. 68사태 이후 일부 젊은이는 독일적군파, 바더-마인호프 같은 극좌 테러리스트로 둔갑했다. 하지만 많은 이는 1969년 사민당 정권이 출범한 이후 '제도권 속으로의 대장정(大長征)'을 선택했다. 학계·언론계·문화예술계·시민운동단체·법조계·정계 등으로 진출해서 세상을 바꾸어보겠다는 속셈이었다.

두 개의 독일 강조하는 동독

대연정에 부총리 겸 외무부 장관으로 입각한 빌리 브란트는 자기가 오랫동안 생각해온 동방 정책을 서서히 실천에 옮기기 시작했다. 1968년 6월, 아이슬란드에서 레이캬비크에서 열린 나토 외무장관 회의에서 그는 동독과 동등한 자격으로 회담을 갖자고 제안했고, 서독 공직자로서는 처음으로 독일 내 두 개의 국가를 언급했다. 키징거 총리도 양독 관계 개선을 위한 노력을 지지했다. 이어 그해 8월 체코와 무역협정을 체결한 데 이어, 루마니아와 수교(1967), 유고슬라비아와의 외교관계 재개(1968)를 단행함으로써 서독이 오랫동안 유지해온 할슈타인 원칙이 사실상 무력화되기 시작했다.

하지만 동독 사회주의통일당은 1967년 4월 당 대회에서 "독일 민족이 사회주의 독일민주공화국과 제국주의·군국주의 국가인 연방공화국이라는 두 개의 독립된 독일 주권국가로 구성돼 있기 때문에 제국주의자들의 리더십에 의한 민족통일은 불가능하다."면서 "두 독일 국가가 통일되려면 서독이 민주적으로 전환되어야 한다."라고 주장했다. 서독이 공산화되지 않으면 통일은 불가능하다는 얘기였다.

이와 힘께 동독 공산 정권은 과거의 독일과의 관계를 하나하나 끊어나가는 조치를 취하기 시작했다. 1913년 독일제국 시대에 제정된 공민법을 폐지하고, 형법을 개정한 것이다. 1968년에는 공산당을 '국가와 사회의 지도세력'으로 명시하는 신헌법을 채택했다. 이후 동독은 점차 통일보다는 '두 개의 독일'을 강조하는 쪽으로 방향을 전환했다.

1969년 9월 연방하원 총선에서 기민당과 그 자매정당인 기독교사회당(기사당)은 46.1%를 득표했다. 사민당은 42.7%, 자민당은 5.8%를 득표했다. 자민당이 어느 정당과 손을 잡느냐가 관건이었다. 기민당의 키징거가 망설이고 있는 사이에 브란트가 자민당에 손을 내밀었다. 이로써 서독이 건국된 지 20년 만에 정권이 사민당으로 넘어갔다. 브란트는 자기가 오랫동안 생각해 온 '동방 정책'을 실천에 옮길 기회를 잡게 되었다.

전독일문제부에서 독일내부관계부로

브란트는 총리 취임 직후인 1969년 10월 28일 의회에서 행한 연설에서 독일에 두 개의 국가가 실재한다고 선언했다. 그는 동독에 자유를 심는다는 생각이나 서독 정부만이 전체 독일을 대표하는 합법정부라는 생각은 미·소 데탕트 등 국제정치의 현실과 동떨어진 것이라고 주장했다.

브란트는 협상에 앞서 동독이 변해야 한다는 종래의 요구를 접고, 먼저 변화를 일으키기 위한 수단으로 대화를 제의했다. 집권과 함께 브란트는 통일 문제를 담당하는 부서의 이름을 '전독일문제부(Gesamtdeutsche Fragen)'에서 '독일내부관계부(Innerdeutsche Beziehungen)'로 개칭했다. 브란트의 최측근 에곤 바르는 1970년부터 총리실 국무차관, 1972년 특임장관을 지내면서 동독과의 협상을 주도했다. 당시 동독 문제를 다룬 독일내부관계부는 외무부가 아닌 총리실에 소속돼 있었다.

브란트는 국가와 민족을 분리해서 고찰했다. 브란트는 서독에서 통일을 당면과제로 생각하는 사람이 소수(20%)라는 점을 감안, 현실을 파삼하게 인정했다. 통일이 당면 목표가 아니라는 현실을 인정한 가운데 통일에 대한 대안으로 그가 제시한 것은 인적·물적 교류를 증진시켜 같은 민족으로서 동질감을 유지하게 만들고, 통일에 대한 염원이 계속 살아있게 하는 것이었다.

브란트는 베를린 장벽이 양 독일 간의 문제가 아니라 서방세력과 공산세력의 경계선으로 보았다. 브란트의 결론은 독일 문제는 당연히 전 유럽적인 차원에서 접근해야 하며, 나치의 전쟁방식으로 유럽을 독일화하는 것이 아니라 평화적으로 유럽을 독일화해야 한다고 생각했다.

1970년 1월 에곤 바르는 모스크바와의 협상을 시작했다. 그해 3월 빌리 브란트는 동독의 에르푸르트에서 동독 총리 빌리 슈토프와 만났다. 동독은 브란트가 비행기를 타고 올 것을 조건으로 내세웠으나, 브란트는 철도를 통해 서베를린을 거쳐 동베를린으로 가려고 했다. 결국 타협안으로 양 정상이 튀링겐의 에르푸르트에서 만나기로 한 것이다. 교통편은 기차를 이용했다.

브란트는 에르푸르트의 호텔 발코니에서 "빌리 브란트는 창가로 나오라!"라고 외치는 동독 시민들을 애써 진정시키면서 울음을 삼켰다. 에르푸르트 회담에서 슈토프는 할슈타인 원칙 포기, 군사비 삭감, 동독인들의 서독 탈출로 1,000억 마르크 이상의 손해를 보았다고 주장하면서 이를 배상하라고 요구했다.

브란트는 서구 동맹국들과의 협력 못지않게 소련 등 동유럽 국가들과의 긴장 완화 및 협력증진에 힘썼다. 소련은 브란트에 대해 우호적인 입장을 취하고 있었다. 브란트의 측근인 총리실 차관 바르(Bahr)는 소련과의 관계 개선 여부는 향후 동방 정책의 성패를 결정하는 바로미터가 될 것이라고 보았다. 1970년 8월 브란트 총리와 코시긴 총리가

'두 빌리'의 만남. 1970년 3월 19일 빌리 브란트 총리는 동독 에어푸르트에서 빌리 슈토프 동독 총리(왼쪽)와 만났다. Photo/독일 연방문서청

1970년 12월 7일 게로 희생사 추모비 앞에서 서독 총리 빌리 브란트가 과거를 사과하며 무릎을 꿇고 있는 모습. Photo/조선일보DB

'모스크바조약'에 서명했고, 그해 12월에는 폴란드와 '바르샤바조약'을 체결했으며, 오데르-나이세 국경을 비롯해 제2차 세계대전 후 형성된 유럽의 국제질서를 받아들였다.

브란트가 바르샤바를 방문했을 때 바르샤바 무명용사 추념비 앞에서 무릎을 꿇은 것은 유명한 일이다. 그러나 이것은 브란트가 사전 계획한 것은 아니었다. 폴란드인들에 대한 미안함으로 가득 차 있었던 브란트가 갑작스럽게 행한 것이었다. "묘역 앞에 서니까 어쩐지 그렇게 하는 것이 도리일 것 같았다."는 그의 말이 가장 적합한 설명일 것 같다. 여하튼 브란트가 폴란드 무명용사 앞에서 무릎을 꿇으며 참배한 장면은 브란트의 동방 정책을 상징하는 장면 중 하나가 되었다.

브란트의 사임

브란트의 동방 정책은 국제적으로 인정을 받았다. 그는 주변국과의 관계 개선, 모스크바조약, 바르샤바조약, 베를린협정(1971년 9월 3일) 등 일련의 조약 체결 등으로 유럽의 평화에 기여한 공로를 인정받아 1971년 노벨평화상을 수상했다.

1972년 5월에는 동서독 간에 최초의 '국가 간 조약'인 통행조약이 체결됐다. 그해 12월에는 '동서독기본조약'이 체결됐다. 소련이 영향력을 발휘해 강경파인 울브리히트를 실각시키고 호네커를 새로 동독 공산당 서기장으로 내세운 것은 동서독 기본조약 체결에 유리하게 작용했다. 브란트가 모스크바조약으로 소련과의 관계정상화를 이룬 것이 주효했다.

동서독기본조약에서 서독은 자신들이 독일의 유일 합법정부라는 주장을 거두어들이고 독일에는 두 개의 주권국가가 있다는 사실을 인정했다. 이에 대한 반발도 있었다. 1972년 4월에는 기민당·기사당이 자민당 이탈 의원들과 손잡고 라이너 바르첼 기민당 총리후보를 내세우고 브란트를 불신임하려 했으나 실패했다.

국민들 중에는 브란트와 동방 정책을 지지(82%)하는 사람들이 더 많았다. 그해 5월 연방하원은 동방 정책을 추인(追認)하는 결의문을 채택했다. 이 결의문은 모스크바조약과 바르샤바조약이 유럽평화와 독일의 안보라는 외교정책에 부합하는 것이라고 인정하면서도 "유럽의 틀 안에서 민족통일을 평화적으로 회복하려는 독일연방공화국의 정책은 이들 조약과 상충(相衝)되지 않는다." "연방공화국은 계속해서 그 안보와 자유의 기반이 되는 나토에 확실한 뿌리를 내린다."라고 다짐했다. 동방 정책을 추진하는 사민당 정권과 미국을 비롯한 서방세계와의 동맹을 무너뜨리지 않으려는 기민당이 타협을 한 것이다. 이후 독일의 대외정책은 크게 보면 이 틀 안에서 움직였다.

동서독 기본조약의 의회 비준을 앞두고 기민당의 자매정당인 기사당이 집권하고 있던 바이에른 주 정부는 "기본조약이 독일 민족통일을 부인하면서, 독일민주공화국을 독립국가로 인정하고, 독일 영토 내의 경계를 국경으로 받아들임으로써 독일의 분단을 영구화했다."는 이유로 연방헌법재판소에 위헌(違憲)심사를 요청했다. 헌재는 1973년 7월 판결에서 "기본조약은 재통일을 추구하는 기본법 정신에 저촉(抵觸)되지 않는다."면서 정부의 손을 들어주었다.

1973년 9월 동서독은 유엔에 동시 가입했다. 1975년에는 대표부를 교환했다. 동독은 양독 관계는 '국가 간의 관계'라는 이유로 외무부에서 서독 관련 업무를 담당하도록 했지만, 서독에서는 '특수 관계'라는 이유에서 내독부에서 관장했다.

1973년 가을부터 중동전쟁과 오일쇼크로 경제가 어려움에 처했다. 브란트에게는 좋지 않은 징조였다. 동독과의 관계 개선을 위해 노력했던 빌리 브란트였지만, 동독이 그의 주변에 침투시킨 간첩 때문에 물

브란트에게 보고하는 기욤. 기욤은 1972년 10월 총리의 당무비서가 됐다. 브란트 총리의 당
내 일정을 조직하고, 당 기관과 당원과의 문서 유통을 담당하는 것이 그의 임무였다. 기욤은
개인적으로 총리와 함께 휴가를 떠날 정도로 가까웠다. 기욤이 동독 비밀경찰 슈타지의 간첩
이라는 사실 발각의 단초가 된 것은 1950년대 동독 중앙정보국이 기욤 부부에게 보낸 생일
축하 메시지였다. Photo/Wikimedia Commons

러나야 했다는 것은 아이러니한 일이다.

1974년 4월 24일 브란트 총리의 보좌관이었던 귄터 기욤(Günter
Guillaume)이 동독 비밀경찰 슈타지의 간첩이라는 사실이 드러나 체포
되자, 야당과 보수언론들은 일제히 브란트의 동방 정책을 비난하고 조
롱했다. 건강도 좋지 않았던 브란트는 위기를 2년 남겨둔 상황에서 그
해 5월 6일 사임했다. 브란트는 실각 직후 호네커에게 전화로 심하게
질책했다고 한다. 소련 공산당 서기장 브레즈네프는 호네커가 스파이

사건을 일으킨 것에 대해 격분했다.

권터 기욤은 1950년 동독의 국가보안성에 들어가 서독 잠입을 위한 훈련을 받았다. 그는 1956년 아내와 함께 서독으로 망명, 프랑크푸르트에 정착했다. 망명 이듬해인 1957년 서독 사회민주당에 입당해 1964년부터는 정치에 활발히 목소리를 내기 시작했다. 1968년 프랑크푸르트 시의원으로 당선되어 사민당 시의회 원내교섭단체의 사무국장이 됐다.

1969년 연방 총선거가 실시되자 기욤은 게오르크 레버 교통장관의 선거 캠프에 들어가 헌신적으로 선거 운동에 종사했다. 장관의 당선에 기여하자 레버 장관은 그를 총리실의 경제·재정·사회정책 담당 비서관으로 추천했다. 1972년 브란트 총리는 기욤의 능력을 높이 사 그를 수행보좌관으로 임명했다. 기욤은 서독 총리의 기밀 문건이나 회의록, 사생활 등에 자유롭게 접근할 수 있는 신분이 되었다.

동방 정책 등 서독의 대동독 정책이 미리 새어나가는 듯한 일이 반복되자 서독의 방첩 기관은 방첩 작전에 돌입했다. 용의선상에 기욤이 잡히자 그에 대한 11개월간의 잠복 추적 수사에 들어갔다. 증거가 잡히자 1974년 4월 24일 기욤은 서독의 수도 본의 자택에서 간첩 혐의로 체포됐다. 영장이 제시되자 기욤은 "나는 독일 인민군 장교로서 국가 보안성에 소속되어 있다."며 "적의 장교로 대우해 주길 바란다."라고 담담히 말했다.

기욤이 체포되자 브란트 총리의 동방 정책으로 수혜를 받고 있던 동독 정부가 오히려 당황했다. 동독 정부는 공식 성명을 통해 "기욤은 간첩 활동을 중단한 지 오래되었다."는 입장을 발표하며 서독 정계 개편과 사태 확산을 막기 위해 진력했으나, 브란트 내각의 붕괴를 막지는 못했다. 마르쿠스 볼프 동독 국가보안상은 "기욤 사건으로 브란트가 사임하게 될 줄은 몰랐다."며 "동방 정책으로 인해 동독은 이익을 얻고 있었기에 그의 사임은 슈타지 내에 큰 혼란을 불러왔다."라고 회고했다.

1975년 간첩죄로 징역 13년이 선고된 기욤은 1981년 동서독간의 포로 교환 시에 서독 간첩과 교환되어 동독으로 돌아갔다. 카를 마르크스 훈장을 수여받은 기욤은 국가 보안성 대령으로 승진해 슈타지의 공작원 양성 학교 교관으로 발령됐다. 역사의 아이러니다.

더블 옵션

하지만 '슈타지 간첩 사건'에도 불구하고, 일단 동방 정책이라는 레일이 깔리자 이후 독일의 대(對)동독 및 동구권 정책은 크게 벗어나지 않았다. 1974년 5월 16일 빌리 브란트의 뒤를 이어 총리가 된 헬무트 슈미트는 실용주의자였다. 그는 동방 정책을 계속했고, 브란트가 사민당 총재 자리를 13년 간 이어가는 동안 중요한 외교문서를 브란트에게 보여주는 등 고문으로 깍듯이 모셨다. 브란트는 당내 진보적 인사들을 대변하는 이상주의자였던 데 반해, 슈미트는 온건세력을 대변했다.

그는 1975년 미국과 소련을 비롯해 동서 유럽 35개국이 참여한 헬싱키의정서에 서명했다. 이 의정서의 요체(要諦)는 1945년 독일 패망 이후 형성된 유럽의 국제질서를 그대로 인정하는 것이었다. 하지만 이 헬싱키의정서에 내재되어 있는 인권 관련 규정들은 이후 소련·동구에서 일어난 자유화 운동의 도덕적 근거가 됐다.

슈미트는 데탕트의 지지자였지만 맹목적 평화주의자는 아니었다. 그는 데탕트와 억지력이 안보의 양대 축이라는 것을 잘 알고 있었다. 특히 베트남전(戰) 실패의 여파로 미국이 고립주의적 경향을 보이고 소련이 그 틈을 이용하려는 생각을 드러내기 시작하자, 그는 나토가 확실한 군사적 억지력을 확보해 힘의 균형을 잡아야 한다고 역설하기 시작했다.

당시 서구 국가들에 위협이 된 것은 소련이 1974년부터 배치하기 시작한 SS-20 중거리 미사일(IRBM)이었다. 슈미트는 미국이 소련과 전략무기제한협정(SALT)을 추진하면서 대륙간 탄도미사일(ICBM)만 감축하고 중거리미사일 문제는 외면할 경우 유럽의 안보가 위협받는다고 판단했다. 슈미트는 유럽

담배를 피우는 헬무트 슈미트 독일 총리.
Photo/Wikimedia Commons

안보를 위해서는 질적으로 향상된 미국의 핵무기를 서독뿐만 아니라 위험 분산 차원에서 유럽국가에도 배치해야 한다고 제창했다. 1979년 프랑스 과들루프에서 열린 전승 4개국 회담에 참석했던 연합국은 슈미트의 입장을 지지했다.

미국은 처음에는 미온적인 입장이었지만, 슈미트가 계속 강하게 밀어붙이자 1978년 신형 퍼싱II미사일과 크루즈 미사일을 유럽에 배치하기로 결정했다. 그 대신에 슈미트는 소련이 중거리미사일을 배치하지 않을 경우, 서방측도 이 미사일들의 배치를 중단하겠다고 선언했다. 이를 '더블 옵션(double option)'이라고 한다. 이 정책은 훗날 레이건 미국 대통령이 소련의 고르바초프를 상대로 군축(軍縮)협상을 할 때 아주 유용한 지렛대가 됐다.

서방정책의 충직한 통역

미국의 신형 핵미사일 배치 계획이 발표되자 서독을 비롯한 유럽 전역에서 반핵(反核)평화운동이 벌어졌다. 1980년대 전반을 뜨겁게 달군 이 반핵평화운동의 뒤에는 소련의 공작이 있었다. 반핵평화운동에 참여한 이들은 소련 SS-20의 위협은 외면하고 미국이 배치하려는 퍼싱Ⅱ미사일만 문제 삼았다.

68세대들이 무시할 수 없는 세력으로 등장한 사민당도 이런 반핵평화운동에 동조했다. 슈미트는 1981년 한 연설에서 이들을 겨냥해 "어느 누구라도 미국은 우리의 적(敵)이요, 소련이 우리의 우방이라는 소리를 지껄이게 내버려 두어서는 안 된다."라고 일갈했다.

사실 슈미트 시절 서독과 소련 관계는 매우 원만했다. 슈미트는 소련으로부터 천연가스를 도입하는 대신, 천연가스를 운송할 강관(鋼管)을 수출하는 계약을 성사시켰다. 소련 공산당 서기장 레오니트 브레즈네프는 슈미트 재임 중 3차례 서독을 방문했다. 함부르크에 있는 슈미트의 집을 방문해 보드카를 마실 정도로 친분을 유지했다. 슈미트의 서가(書架)에서 카를 마르크스의 저작을 발견하고 미소를 지었다.

당시 서독은 미국·일본의 뒤를 이어 세계 제3위의 경제력을 자랑하고 있었다. 핵무장만 하지 않았을 뿐, 나토의 최전방을 담당하는 군사

강국이기도 했다. 하지만 슈미트는 미국과 소련 사이에서 중재자 역할을 운운하지 않았다. 1981년 브레즈네프가 본을 방문하고 돌아간 후 서독 정부 대변인이 "서독은 양대 초강대국들의 통역(通譯)"이라고 말했다. 그러자 슈미트는 재빨리 "통역은 통역인데, 서방정책의 충직한 통역"이라고 바로 잡았다.

1980년에 슈미트는 "자유, 정의 및 인간의 존엄성 등은 독일-미국 간의 우의와 연대(連帶)의 근간(根幹)을 이루는 공통의 가치요 원칙"이라며 "우리가 맹방(盟邦)이기 때문에 같은 이념을 갖는 것이 아니라 오히려 그 반대로 우리가 같은 이념을 갖고 있기 때문에 맹방인 것"이라고 했다.

슈미트를 두고 '사민당이 배출한 최고의 기민당 정치가'라는 말이 괜히 나온 것이 아니었다. 하지만 슈미트가 이렇게 중심을 잡으려 노력했음에도 불구하고 시간이 흐르면서 당초 동방 정책이 표방했던 '접근을 통한 변화'는 묘하게 변질됐다. '접근'만 남고, 동독의 '변화'는 사라지기 시작한 것이다. 오히려 서독이 '변화'하기 시작했다.

우선 서독의 정치적 통일에 대한 의지가 눈에 띄게 약화됐다. 사민당과 그에 동조하는 좌파 세력, 지식인, 언론인들은 통일은 구시대적 발상이며 1970~80년대에 그런 주장을 펴는 것은 안정을 해치는 위험한 발상이라고 주장했다. 그들은 정치적 통일보다 민족의 문화적 동질성을 강조하는 '문화민족(Kulturnation)'을 내세웠다. 물론 기민당의 지도자 헬무트 콜을 비롯한 보수주의·자유주의 세력들은 그런 주장을 단호하게 거부했다.

다른 한편에서는 동독에 대해 보고 싶은 것만 보는, 레닌이 말했던 '쓸모 있는 바보들'이 등장했다. 우리나라에도 이름이 널리 알려진《차이트》발행인 테오 좀머는 1986년 동독에 대한 기사에서 "나라 전체가 활기에 넘치고 인민들은 행복해졌다."는 말도 안 되는 소리를 썼다.

동독도 '변화', 즉 인민에 대한 탄압을 줄이고 통일을 향해 가기 위한 노력을 전면적으로 거부했다. 1974년 동독은 헌법을 개정, "독일민주공화국은 독일 민족의 사회주의 국가이다."라던 헌법 제1조를 "독일민주공화국은 노동자·농민의 사회주의 국가이다."로 고쳤다. 헌법상에 나타난 통일의 이념을 삭제한 것이다. 1980년 10월 동독 사회주의통일당(공산당) 서기장 에리히 호네커는 "본(서독)이 아직도 하나의 독일민족을 고집하고 있으나, 마땅히 동독의 주권과 공민권을 승인해야 한다."라고 촉구했다.

그런데도 사민당은 68세대를 중심으로 점점 더 좌경화되어갔다. 1982년 헬무트 콜 정권이 이끄는 기민당 정권이 들어선 후 에곤 바르 등 사민당 지도부는 동독 사회주의통일당(공산당)과 독자적으로 만나서 양독 관계에 대한 정책 합의를 하는 지경까지 나아갔다. 이처럼 '변화'는 제쳐놓고 '대화를 위한 대화'만 고집하는 사민당을 두고 '아첨을 통한 변화'라는 비아냥거림까지 나왔다.

아데나워의 손자

이제 다시 한 번 변화가 필요한 시점이 온 것이다. 이때 등장한 사람이 헬무트 콜(Helmut Kohl)이었다. 1982년 10월, 사민당의 연정 파트너였던 자민당이 기민당·기사당과 손을 잡고 헬무트 슈미트 총리에 대한 불신임안을 통과시켰다.

기민당 총재로 총리 자리에 오른 헬무트 콜의 별명은 '아데나워의 손자'였다. 1970년대 초 기민당의 중진(重鎭) 정치인으로 대두할 무렵의 콜은 안드레이 그로미코 소련 외무장관과 만난 자리에서 독일의 통일을 역설했다. 그로미코는 "당신처럼 젊은 사람이 아직도 그런 낡은 생각에 사로잡혀 있다니…"라면서 고개를 가로저었다.

1983년 6월 콜은 연방의회에서 국정연설을 했다. 연설의 제목은 〈분단 독일의 국정연설〉이었다. 원래 독일에서는 아데나워 시절 이래 총리의 의회 국정연설을 공식적으로 그렇게 칭했는데, 브란트 정권 때 폐지된 것을 콜이 부활시킨 것이다. "오늘 우리는 이 연설의 본래 목적을 다시 한 번 되살리려 합니다. 그것은 독일에 관한 것입니다. 그것은 자결권과 인권과 우리 분난 민속의 통일에 관한 것입니다."라는 말로 연설을 시작한 콜은 이렇게 말했다.

"우리는 우리 동포들이 자결권을 부인당하고 그들의 인권이 짓밟히

1989년 12월 19일 헬무트 콜 총리는 동독 드레스덴을 방문해 폐허가 된 프라우엔교회 앞에 모여든 동독인들을 보면서 통일을 직감했다고 했다. Photo/독일연방문서보관소

는 것을 받아들일 수 없습니다. 우리 독일 국민들은 조국의 분단 상황을 수긍할 수 없습니다. 우리는 우리 헌법 정신에 따라 자유의사에 따른 독일의 통일과 자유를 성취하기 위해 굳은 결의와 인내력을 갖고 계속 나아갈 것입니다. 우리는 역사가 우리 편이라는 것을 알고 있기에 단념하지 않습니다. 오늘의 상황이 바뀌지 말라는 법이 없습니다."

콜은 1987년에는 "자유를 팔아서 통일을 사는 게 아니라, 자유는 통일의 전제조건"이라면서 "민족의 통일은 국민의 자유 속에서 성취되어야 한다."라고 말했다. 1989년 5월 조지 H. 부시 미국 대통령과의 회담 후에는 "독일 분단 문제는 우리의 역사적 과제"라면서 ▲독일의 운명은 전반적인 동서 관계와 연관되어 있고 ▲자유가 통일보다 우선이며 ▲자유롭고 통합된 유럽에서만 자유로운 통일 독일이 실현될 수 있다고 강조했다.

1987년 9월 동독 사회주의통일당 서기장 겸 동독 국가평의회 의장 (대통령) 에리히 호네커가 본을 방문했다. 호네커는 서독 자르 지역 출신이었고, 콜은 자르 지역과 인접한 라인란트-팔츠 주지사를 역임했기 때문에 기본적으로 두 사람은 적대적이지 않았다. 그러나 콜은 호네커 면전에서 "독일인들은 분단으로 고통을 겪고 있다. 그들의 길을 막고 밀쳐버리는 장벽으로 인해 어려움을 겪고 있다."라고 직격탄을 날렸다.

역사는 우리 편

    1961년 베를린 장벽의 건설로 서독으로 탈출하려는 동독인들은 길이 막혔다. 동서독 관계 개선과 국제적 압력으로 인해 동독은 1984년 공산당 중앙위원회의 결정을 통해 그때까지 불허했던 서독 행 이주 신청을 마지못해 허락하였으나, 신청자 모두가 허가서를 받을 수는 없었다. 불법 경로, 즉 탈출을 통해 서독으로 가려는 사람이 여전히 존재했다.

    콜의 연설처럼 역사는 통일을 원하는 이들의 편이었고, 상황은 바뀌었다. 1985년 소련에서는 미하일 고르바초프(Mikhail Gorbachev)가 공산당 서기장으로 선출됐다. 고르바초프가 추진한 개혁·개방 정책은 소련뿐만 아니라 유럽에 엄청난 파급을 가져왔다. 소련의 개혁 개방 정책은 소련의 범주를 넘어서 동유럽 공산주의 자유화 운동의 배경이 됐고, 1989년 추진되는 독일의 통일도 이러한 세계사의 흐름 속에서 추진됐다. 겐셔 외무장관은 서방세계에서 소련의 이런 변화를 가장 일찍 간파한 사람이었다.

    이에 따라 헝가리를 필두로 한 동구권에서 변화의 움직임이 태동했다. 헝가리는 1989년 5월 2일 오스트리아의 국경선에 쳐진 철조망을 제거하기 시작했다. 동구, 더 나아가 소련 붕괴의 서막이 오른 것이다.

동독인들의 자유를 향한 행진은 즉시 시작됐다. 그러나 동독공산당 서기장 에리히 호네커는 개혁 개방 정책을 거부했다. 1989년 여름 휴가철에 동독인들은 헝가리로 건너가 그곳의 서독대사관에 들이닥쳐 서독 행을 요구했다.

콜은 1989년 6월 신문 인터뷰에서 "역사는 우리 편이 되어서 움직이는 것 같다."라고 말했다. 그러면서도 콜은 고르바초프에게 영합해서 뭔가를 얻어내려 하지는 않았다. 오히려 그 무렵 서독을 방문한 고르바초프 소련 공산당 서기장에게 콜은 "독일연방공화국은 서방세계의 가치관을 존중한다. 우리는 어떠한 감언이설(甘言利說)에도 넘어가지 않는다. 나토와 EU는 독일 정책의 양대 축(軸)이다."라고 못을 박았다.

1989년 8월 이후 여름 휴가차 헝가리를 방문했던 동독인들이 국경 철조망이 해체된 것을 기화로 오스트리아를 거쳐 서독으로 탈출하기 시작했다. 헝가리도 탈출하려다 붙잡힌 동독 주민을 동독으로 강제 송환하지 않을 것이고 여권에 스탬프도 찍지 않을 것이라고 발표했다. 이들은 서독으로 들어가는 순간 자동적으로 서독 국적을 취득할 수 있었다. 서독은 탈주든 이주든 그들이 스스로의 선택에 의해 서독체제에 살고자 원한다면, 즉시 서독 국민으로 받아들여 똑같은 권리와 의무를 누리도록 했다.

1950년대에 아데나워 정권이 '서독이 독일의 유일 합법정부'라고 주장하면서 1913년부터 시행되어온 '독일 공민법'을 그대로 유지해온 넉분이었다. 오늘날 탈북자들이 한국에 들어오는 즉시 한국 국적을 취득할 수 있는 것도 헌법상 대한민국이 한반도의 유일한 합법정부이기 때문이다.

1989년 8월 이후 사태는 긴박하게 돌아갔다. 헝가리에 이어 체코슬로바키아 주재 서독대사관으로도 동독 시민들이 몰려들었다. 9월 28일 동서독 외무장관은 이들의 서독 행에 합의했다. 이들은 봉쇄된 열차를 타고 동독을 경유해 서독으로 들어갔다. 1989년 10월 5일, 서독 DPA 통신은 9월 11일 이후 2만 7,000명이 동독을 떠났다고 보도했다. 나흘 후 그 수는 3만 5,000명으로 늘어났다. 1989년 1월 이후 9개월 동안 동독을 합법적·비합법적으로 떠난 주민들의 수는 11만 명에 달하는 것으로 집계됐다.

귄터 샤보프스키의 실언

1989년 10월 4일 동독 정권은 독일민주공화국 건국 40주년을 축하하는 거창한 행사를 벌였다. 하지만 이때 이미 라이프치히에서 시작된 민주화 요구 시위는 요원의 들불처럼 번져가고 있었다. "우리가 인민이다(Wir sind das Volk)!"라는 구호가 나타났다. 공산 정권이 말끝마다 '인민'을 외치는데, 그들이 말하는 인민은 사이비(似而非)고 '진짜 인민'은 자기들이라는 외침이었다.

동독 창건 기념행사에 참석한 고르바초프는 언론 인터뷰에서 "자신이 몸담고 있는 사회가 어떻게 돌아가는지 알고 그에 맞춰 정치적 결정을 하는 사람은 어려움을 두려워할 필요가 없다."며 "그것은 정상적인 사태 발전이다."라고 말했다. 고르바초프는 이 말을 통해 동독인들의 자유화 운동을 지지했고, 자유화 운동에 물리력으로 맞서는 동독 공산당 지도부의 반개혁적 행위를 간접적으로 비판했다.

10월 9일 동독의 라이프치히에서는 7만 명이 모여 개혁을 요구했다. 10월 18일에는 18년간 동독을 통치해온 에리히 호네커가 사회주의통일당 서기장 직에서 물러났다. 에곤 크렌츠(Egon Krenz)가 그 뒤를 이었다. 크렌츠는 11월 3일 방송 연설을 통해 이런저런 개혁을 약속하면서 떠나가는 민심을 잡으려 안간힘을 썼다. 하지만 이튿날인 11월 4

1989년 11월 9일 동독 사회주의통일당 선전담당 비서 귄터 샤보프스키가 당사에서 기자회견을 하고 있다. 그는 한마디 '말실수'로 동·서독의 통일이라는 '베를린 장벽 붕괴'를 촉발시켰다. Photo/AFP

일 베를린 알렉산더광장에서 열린 시위에서 동독인들은 그의 프러포즈를 거절했다. "자유! 자유!"라는 외침과 함께 'Wir sind ein Volk!(우리는 한 민족이다)'라는 구호가 터져 나왔다. 동독의 민주개혁을 넘어서 통일을 요구하는 소리가 나오기 시작한 것이다.

서독으로의 탈주도 계속됐다. 11월 5일에는 1만 5,000명 이상이 체코슬로바키아를 경유해 서독으로 떠났다. 11월 7일에는 빌리 슈토프(Willi Stoph)가 동독 총리 자리에서 물러났고, 개혁파인 한스 모드로

(Hans Modrow)가 총리가 됐다. 백약(百藥)이 무효(無效)였다. 11월 9일 오후 7시경 동독 사회주의통일당 대변인 귄터 샤보프스키(Günter Schabowski)는 기자회견에서 동독인들의 출국 자유화를 선언했다.

장차 그렇게 하겠다는 '방침'을 밝힌 데 불과했지만, 휴가 끝에 출근해 얼떨결에 기자회견에 나서는 바람에 전후 사정을 파악하지 못하고 있던 샤보프스키는 '그 조치가 언제부터 시행되느냐?'는 기자의 질문에 "즉각!"이라고 대답하고 말았다. 내각회의가 결정한 발효시점인 11월 10일이라는 날짜를 까먹어 버린 것이다. 이 사실이 보도되면서 그야말로 난리가 났다. 동베를린 시민들도, 서베를린 시민들도 베를린 장벽으로 몰려갔다. 이들은 해머로 장벽을 부수는가 하면, 장벽 위에 올라가 환호했다.

독일편에 선 미국대사

이 장면을 보면서 전 세계가 함께 기뻐했다. 하지만 현실 정치인들은 달랐다. 특히 독일과 불편한 과거가 있는 소련·폴란드 등 동구 국가들은 물론이고 함께 유럽통합을 추구하던 영국·프랑스 등 서구 우방들도 정작 독일 통일이 눈앞의 현실로 다가오자 떨떠름한 표정을 감추지 않았다.

콜 총리의 외교안보보좌관인 호르스트 텔칙은, 베를린 장벽이 붕괴된 직후인 11월 18일 프랑스 파리에서 열린 12개국 정상회담에서 열강의 정상들이 보여준 태도에 대해 "미국이 가장 긍정적인 반응을 보였고, 프랑스가 조금 삼가는 태도를 보였으며, 영국은 삼가는 태도가 심했다."라고 회상했다. 제2차 대전 당시 나치에 대한 잔상, 통일 이후 독일의 부상에 대한 두려움 등이 원인이었다.

열강 가운데 처음부터 독일 통일을 확고하게 지지한 것은 미국 뿐이었다. 분단 이후 독일국민의 대다수에게 독일 문제란 'German Question'을 의미했고, 반면 독일 이웃국가들의 대다수에게 독일 문제는 'German Problem'을 의미하였기 때문에 어떻게 하면 독일의 분단을 지속시킬 수 있을까 하는 것이었다.

제2차 세계대전 기간 동안 나치를 체험한 인접국으로서는 프로이센-독일의 망령을 쉽사리 떨쳐버릴 수 없었다. 버논 월터스 주독 미국 대사는 11월 16일 텔칙과 만난 자리에서 "독일이 통일될 것으로 믿는다. 그 사람이 누구든 통일을 반대하는 사람은 정치적으로 밀려나게 될 것이다."라면서 이러한 판단을 부시 미국 대통령에게 전하겠다고 약속했다.

텔칙은 후에 "나는 그 순간 미국 대통령이 우리 앞에 놓인 문제에 관한 올바른 조언을 할 수 있는 사람을 가지고 있다는 확신을 갖게 됐다."라고 회상했다. 통일과 같은 격변기에 주재국에 대한 이해와 애정이 있는 외교관이 얼마나 큰 도움이 되는지를 보여주는 대목이다. 이후 독일과 미국은 통일을 이룩할 때까지 정상 차원에서는 물론 정상의 외교안보 참모, 각료, 주재국 대사 모두 서로에 대한 신뢰를 바탕으로 마치 한 팀처럼 움직였다고 텔칙은 회고했다.

독일 내부에서도 통일의 가능성에 대해 환호만 한 것은 아니었다. 동독 내 개혁 세력은 물론 서독 내 좌파 정치인·지식인·언론인 중에서는 통일보다는 민주적으로 개혁된 사회주의 동독의 공존이 더 바람직하다고 주장했다.

이런 상황을 한시바삐 정리하기 위해서 콜은 향후 독일 정책에 대한 밑그림을 제시했다. 그것이 콜이 11월 28일 연방하원에서 제시한 〈양독 관계의 새로운 설정과 독일 문제 해결을 위한 10개조 프로그램〉이었다. 이것은 콜의 외교안보보좌관 호르스트 텔칙(Horst Teltschik)이 기초하고, 콜 자신이 대폭 수정한 것이었다.

콜은 여기서 얼마 전 한스 모드로 동독 총리가 제안한 '조약공동체'

라는 개념을 일부 수용하면서, '민주적·합법적 동독 정부'가 들어서는 것을 전제로 과도단계로 국가연합(confederation)을 지지할 의향이 있다고 밝혔다. 궁극적으로는 연방국가(federation), 즉 단일 주권 아래 재통일된 국가를 이룩하는 것이 그 목표임을 분명히 했다. 즉, 신속한 독일 민족의 통일이 아니라, 동독 주민에게 긴급 구호를 실시하고, 동독의 체제 변화를 지원하며, 동독과 연합 국가를 구성해 양독 관계를 유럽통합 속에서 발전시킨다는 구상이었다.

아울러 콜은 "통일의 과정이 유럽의 관심사이며, 유럽통합과의 관련 속에서 보아야 한다."라고 강조했다. '조약공동체-국가연합-연방'이라는 3단계를 제안한 것으로 봐서 이때만 해도 콜은 통일주민들의 통일 의지를 짐작하지 못했고, 그렇게까지 급박하게 진전되리라고는 생각하지 못했던 것 같다.

미국에 화끈하게 보은

　프랑수아 미테랑 프랑스 대통령은 콜이 전날 자신과 통화를 하면서도 〈10개조 프로그램〉에 대해 미리 언질을 주지 않은 데 대해 불쾌하게 생각했다. 마거릿 대처 영국 총리는 이후로도 한동안 "독일 통일은 유럽의 세력균형을 교란하는 것"이라고 비판했다. 그 점에서 대처는 전형적인 영국인이었다. 그도 그럴 것이 '제2의 라인강의 기적'을 실현하고 있었던 1989년 당시의 막강한 경제력을 바탕으로, 통일 이후 강력한 군사력을 건설해 동서 양쪽으로 팽창하는 독일의 모습은 그들로서는 생각조차 끔찍한 것이었다.

　이런 분위기를 바꾸어놓은 것은 미국이었다. 12월 4일 부시 미국 대통령은 나토정상회의에서 "나토는 40년 이상 독일 통일을 공동으로 지지해왔다."라고 상기시키면서 독일 통일은 나토 및 유럽공동체의 관계에서, 연합국(미·소·영·프랑스)의 권리와 책임을 적절한 방법으로 고려해야 한다고 강조했다. 미국이 이렇게 독일 통일에 앞장선 것은 아데나워 정권 이래 40년에 걸쳐 양국 간에 신뢰가 구축되었기 때문임은 물론이다. 특히 1970~80년대 슈미트의 시민당 정권조차 미국의 중거리미사일의 유럽 배치를 앞장서 주장했던 것은 서독이 정권에 관계없이 미국의 견고한 우방이라는 인식을 심어주는 데 크게 기여했다.

1990년대 마가렛 대처(왼쪽) 총리와 헬무트 콜 독일 총리.대처 영국 총리는 독일이 강대국으로 재부상하는 것을 경계해 독일 통일에 반대했다. Photo/독일연방기록원

12월 12일 콜 총리를 방문한 제임스 베이커 미국 국무장관이 "이와 같이 어려운 시기에 미국의 입증된 친구인 콜 총리와 같은 인물이 독일 정치의 정상에 있는 것을 다행스럽게 여긴다."라고 말한 것은 빈말이 아니었다. 1990년 8월 이라크의 사담 후세인이 쿠웨이트를 침공한 후, 부시 미국 대통령이 독일의 '기여'를 요구했을 때 콜은 미국이 요구한 것 이상을 화끈하게 내놓아 보은(報恩)했다.

부시 대통령은 1990년 초 영국, 프랑스 정상과 잇달아 회담을 열고 독일 통일이 영국과 프랑스에 경제적 정치적 이익을 가져올 것이라고 설득했다. 미국이 이렇게 선도적으로 확고하게 독일 통일을 지지한다는 뜻을 표명하자 프랑스와 영국도 따라올 수밖에 없었다. 콜과 겐셔 외무장관도 영국과 프랑스에 이번의 독일 통일은 동서독 양국 국민들

1990년 7월 16일 러시아 남부 코카서스에서 만난 미하일 고르바초프 소련 공산당 서기장 (가운데)과 콜 총리(오른쪽). Photo/독일연방기록원

의 자발적인 노력의 결과임을 간곡하게 설득했다. 콜은 기회 있을 때마다 자신이 희망하는 것이 '독일의 유럽'이 아니라 '유럽의 독일'이라고 강조했다.

고르바초프를 마르크화로 설득

독일 통일에 대한 가장 큰 비토 세력은 소련이었다. 고르바초프 대통령은 동독의 개혁을 주장했지만 독일의 통일을 바라지는 않았다. 고르바초프에게 동독 문제는 고민거리였다. 동독은 동서 냉전체제 하에서 소련과 바르샤바 군이 미국 및 나토와 대결하는 최전선이었다. 과거 나치 독일의 침략을 받아 2,000만 명의 희생자를 낸 바 있는 소련에 동독은 '전략적 발코니'였다. 소련은 동독 땅에 30여만 명의 병력을 주둔시켜놓고 있었다. 동독이 일방적으로 서독에 흡수 통일될 경우, 고르바초프의 소련 내 입지는 더욱 좁아질 것이 분명했다.

1989년 가을 동독에서 민주화 요구 시위가 벌어지자 서독이나 서방은 과거 1956년 헝가리사태나 1968년 '프라하의 봄'을 떠올리며 긴장했다. 일찍부터 동구권 내정에 대한 불간섭 원칙을 천명해온 고르바초프는 호네커 정권의 붕괴를 방임했지만, 베를린 장벽이 무너지고 독일 통일 문제가 가시화되기 시작하자 부정적 반응을 드러냈다.

고르바초프 서기장 등 소련의 첫 반응은 기존 조약들은 지켜져야 한다는 것이었다. 이는 헬싱키의정서에서 규정하고 있는 유럽의 현 상태, 즉 주권국가 동독의 존재, 독일(동독)과 폴란드 간의 오데르-나이세 국경선을 인정하고 제2차 세계대전 이후 소련이 차지한 옛 독일 영토에 대한 요구를 포기하라는 얘기였다.

1990년 2월 10일 콜과의 정상회담에서 고르바초프는 독일 통일에 이의가 없다고 선언했다. 하지만 같은 달 21일 《프라우다》와의 인터뷰에서는 "독일의 통일이 두 동맹 체제(나토와 바르샤바조약기구)의 군사전략적인 균형을 침해해서는 안 된다."라고 주장했다. 통일 독일이 나토에서 탈퇴, 중립국이 되어야 한다는 요구였다. 이는 1952년 스탈린이 했던 제안을 되풀이하는 것이었다.

하지만 콜은 "통일을 위해 나토 회원국으로서의 권리를 포기할 수 없다."는 점을 분명히 했다. 콜은 기회가 있을 때마다 이러한 입장을 소련에 전하면서 "중립화된 통일 독일보다는 차라리 나토와 유럽공동체의 틀 안에 구속되어 있는 통일 독일이 소련의 안보이익에 더 부합한다."라고 설득했다. 그러자 소련은 통일 독일이 나토와 바르샤바조약기구 둘 다 가입하면 어떻겠느냐는 제안을 내놓았다.

제임스 베이커 미국 국무장관은 소련을 방문해 "통일된 독일이 NATO에 가입하는 것을 동의해 달라. 그 대신 동독 지역에는 절대 NATO군을 주둔시키지 않겠다."라고 약속했다. 결국 동·서독을 포함한 '2+4 회담'이 1990년 5월 처음 개최됐다. 4차례의 회의 끝에 그해 9월 독일의 통일을 승인하는 조약이 체결됐다. 주변국 외교가 통일에 있어서 얼마나 중요한가를 보여주는 대목이다.

마지못해 통일 독일의 나토 가입을 받아들이기로 한 다음에도 자기들이 동독에서 철수한 후 옛 동독 땅에는 나토군이 들어와서는 안 된다고 주장했다. 이는 사실상 통일 독일의 주권이 여전히 전승 4대국

1990년 11월 9일 헬무트 콜 독일 총리(오른쪽)와 고르바초프 소련 대통령이 양국 간 우호협정서에 서명하고 있다. Photo/조선일보DB

에 의해 제약받는다는 의미였다. 콜은 인내심을 가지고 고르바초프를 설득해나갔다. 당시 소련이 극심한 경제적 어려움에 처해 있었던 것이 독일에는 행운이었다. 우선 1990년 1월 서독은 소련에게 16만 톤이 넘는 육류를 포함해 1억 달러 상당의 식량 지원 계획을 승인했다.

소련과의 숙제들은 1990년 7월 14~16일 열린 독소 정상회담에서 해결됐다. 고르바초프의 고향인 코카서스와 모스크바에서 열린 일련의 회담 끝에 고르바초프는 독일이 통일과 더불어 완전한 주권을 획득한다는 것과 독일이 계속 나토에 남는다는 데 동의했다. 독일은 병력을 37만 명으로 감축하기로 했다.

독일은 그해 9월 이후 동독에서 철수하는 소련군의 주택 건설비용 등의 명목으로 150억 마르크(이 중 30억 마르크는 무이자 차관 형식)를 제공하기로 약속했다. 콜은 소련에 대한 차관(借款)을 협상하면서 그것이 통일이라는 반대급부와 결부되는 것임을 분명히 했다.

민족자결의 원칙 고수

소련에 대해서는 부드럽게 나간 것과는 달리 콜은 동독 공산 정권에 대해서는 단호하고 강경하게 대했다. 1989년 10월 호네커가 실각한 직후부터 에곤 크렌츠 신임 동독 사회주의통일당(공산당) 서기장은 동서독 정상회담을 요청했다. 경제가 완전히 거덜 나고 동독인들이 계속 서독으로 이탈하는 상황에서 서독의 정치적·경제적 지원이 시급했던 것이다. 사민당 등도 이에 응하라고 촉구했다. 하지만 콜은 동독에 합법적·민주적 정권을 상대하겠다고 고집했다.

콜은 '호네커의 황태자'로 불리던 에곤 크렌츠가 서기장 자리에서 물러나고, 개혁파인 한스 모드로가 동독 총리가 된 1989년 12월 19일에서야 비로소 동독 드레스덴에서 양독 총리 회담을 가졌다. 콜은 프라우엔 성당 앞에서 동독 주민들을 상대로 연설했다. 콜은 "독일! 독일!" "헬무트! 헬무트!" "우리는 한 민족이다."라고 외치는 시민들에게 울먹이는 목소리로 "비폭력적으로, 진지하게, 연대감을 갖고 자신들의 미래를 위해 시위를 하고 있는 데 대해 감사하다."라고 했다. 그 때 콜은 '이 정권은 끝장났구나. 통일은 온다!'고 직감했다.

독일을 분할 점령한 전승 4국은 분단 기간 동안 독일 분단의 극복 방법으로 '민족자결권'을 누차 밝혔다. 이러한 배경에 따라 서독은 동독이 자신들의 미래를 위해 어떠한 정치적 선택을 할 것인가의 방법으로 자유로운 총선거를 적극 지지했다. 베를린 장벽 붕괴 이후 체제변화를 위해 과도정부의 역할을 했던 동독의 '원탁회의'(Runder Tisch)'가 새로운 정부 구성을 위한 자유총선거를 제시했고, 이를 서독이 지지하는 형식이었다.

1990년 1월 28일 모드로 총리와 동독 내 민주개혁파 인사들은 '원탁회의'를 열고 거국(擧國)내각을 구성하기로 했다. 같은 날 동독 인민회의(국회)는 당초 5월 6일로 계획했던 선거 일자를 3월 18일로 앞당기기로 했다. 새로운 정부 구성을 위한 동독 총선거가 결정되자 전승4국은 이제 통일 문제는 기본적으로 전승국들이 약속한대로 '민족자결'에 의한다는 원칙적인 입장으로 물러설 수밖에 없었다.

베를린 장벽 붕괴 이후 서독 정부는 동독 내 새로운 정당 형성에 개입했고, 동독의 성직자·평화운동가·언론인·학자 등 여론지도층에 적극적으로 다가갔다. 분명한 사실은, 동독이 자유총선거를 통해 민족자결권의 행사로 가는 과정에서 서독이 드러나지 않은 조용한 영향력을 행사했다는 사실이다. 이에 따라 그동안 공산 정권의 괴뢰 노릇을하던 기독교민주당, 자유민주당 등은 처음으로 제대로 된 정당 노릇을 하겠다고 나섰다.

선거는 처음부터 서독 거대 정당들의 대리전 양상을 보였다. 공산정권하에서 사회주의통일당(공산당)에 강제 통합되었던 사회민주당도부활했다. 이들은 각각 서독에 있는 같은 이름의 형제 정당과 손을 잡고 선거전에 들어갔다. 콜도 동독 전역을 누비면서 동독 기민당의 유

1990년 3월 18일 동독 자유 총선거를 앞두고 헬무트 콜 기민당 당수 겸 총리가 3월 1일 동독 지역인 카를마르크스슈타트를 방문했다. 동독 주민들은 통일 독일을 상징하는 깃발을 들고 나와 콜 총리 이름을 연호했다. Photo/Wikimedia Commons

세를 도왔다. 빌리 브란트가 동방 정책을 처음 시작할 때 방문했던 동독 에르푸르트의 시민들은 '헬무트, 당신은 우리의 총리이기도 합니다'라는 플래카드를 들고 콜을 맞이했다.

독일민주공화국을 자처하던 나라에서 건국 40년이 지나서 그 종막을 앞두고서야 처음이자 마지막으로 민주선거가 치러진 것이다. 아직 동서독이 분단된 상태에서 현직 콜 총리와 브란트 전 총리 등이 선거 지원유세를 할 수 있었던 것은 동서독이 이미 정치적으로 하나임을 보여준 것이다.

전 세계가 지켜보는 가운데 1990년 3월 18일에 실시된 자유로운 총선거의 결과 신속한 통일을 열망하는 동독 주민의 의지가 강하게 표출됐다. 이날 독일 민족의 통일은 달성됐다. 남은 것은 법적 통일이었다. 전승 4국은 물론, 유럽의 모든 국가들은 독일 통일을 받아들일 수밖에 없게 됐다.

동독에 화폐통합 제안

1990년 2월 13일 모드로 동독 총리는 27명의 대표단을 이끌고 본을 방문, 150억 마르크의 원조를 요청했다. 콜은 이를 냉랭하게 거절했다. 이보다 앞서 2월 7일 콜은 화폐통합 제안을 내놓았다. 한마디로 휴지 조각이나 다름없는 동독 마르크를 세계시장에서 경화(硬貨)로 당당하게 대접받는 서독 마르크(DM)로 대등한 비율로 바꾸어주겠다는 것이었다. 콜이 전하는 메시지는 자신은 동독 공산 정권이 아니라 동독 인민들을 상대하겠다는 것이었다.

화폐통합은 뒷날 통일 후 독일 경제를 추락시킨 잘못된 조치라는 비난을 받았지만, 당시로서는 불가피한 조치였다. 베를린 장벽 붕괴 이후에도 계속 서독으로 밀려드는 동독인들 때문에 서독의 수용 능력이 한계에 도달했기 때문이다. "마르크화가 우리에게 오면 우리는 집에 머문다. 마르크화가 오지 않으면 우리가 서독으로 간다."라고 외쳐대는 동독인들을 콜은 화폐통합으로 달래려 했던 것이다.

화폐통합이라는 당근은 제대로 먹혀들었다. 동독 선거에서 사민당이 승리할 것이라는 예상을 깨고 기민당이 중심이 된 '독일을 위한 동맹'이 압승한 것이다. 로타어 데메지에르(Lothar de Maizier)가 동독 총리가 됐다. 콜이 줄기차게 요구해오던 민주적이고 합법적인 정권이 동

경제·화폐·사회 통합 협약 서명식이 1990년 5월 18일 본에서 열렸다. 테오 바이겔 서독 재무부 장관(오른쪽), 발터 롬베르크 동독 재무부 장관(왼쪽)이 서명했다. 헬무트 콜 서독 연방 총리(뒷줄 가운데)와 동독의 마지막 총리인 로타어 데메지에르(콜 총리 왼쪽)가 뒤에서 지켜보고 있다.
Photo/독일 연방 문서보관소

독에 들어선 후 통일 과정은 일사천리(一瀉千里)로 진행됐다.

5월 18일 동서독 재무장관이 콜과 데메지에르가 지켜보는 가운데 통화·경제·사회통합 협정에 서명했다. 콜은 데메지에르에게 "독일 통일의 실제적 실현'이 시작됐다."라고 말했다. 이 조약은 그해 7월 1일부터 발효됐다. 콜은 이날 "희생할 각오가 되어 있지 않은 민족은 그 도덕적 힘을 이미 상실한 것"이라면서 독일 국민들에게 통일을 위한 희생을 감수해달라고 호소했다.

1990년 8월 23일 동독 인민회의는 서독 기본법 제23조에 따라 동독의 5개주가 독일연방공화국에 가입하기로 결의했다. 8월 31일에는 '통일조약'이 동베를린에서 체결됐다. 9월 12일에는 모스크바에서 2+4 외무장관회의가 열렸다. 동서독 외무장관과 4대 전승국(미·소·영·프랑스) 외무장관은 〈독일에 관한 최종적인 규정에 관한 협약〉에 서명했다. 이 협약은 10월 3일 독일 통일과 함께 베를린과 독일에 대한 전승국들에 대한 권리와 의무가 모두 종결된다는 내용을 담고 있었다.

천둥번개 칠 때 농부의 심정

1990년 10월 2일 밤, 몇 시간 후면 통일 독일의 첫 총리가 되는 콜은 TV 방송연설을 했다. 이 연설에서 콜은 40년간 부당한 동독 정부 하의 희생자들을 추도하면서, 변화를 가능하게 만든 용기 있는 동독 국민들에게 감사했다. 그는 부시 대통령을 비롯한 미국, 어려운 시절 독일의 편이 되어주었던 프랑스와 영국, 소련의 고르바초프, 그리고 헝가리·폴란드·체코슬로바키아, 그 밖의 유럽 국가에 대해서도 감사의 뜻을 표했다.

콜 총리는 또 통일 독일은 금세기 독일인이 자행한 범죄행위, 특히 유대인 학살행위를 결코 잊지 않음으로써 독일 역사의 어두운 면을 길이 기억하고, 이러한 과오를 되풀이하지 않을 것과 독일은 국력에 상응하는 국제적 책임을 완수할 것을 다짐하면서 외교정책 기조를 밝혔다.

첫째, 독일은 인근 국가들과 우호 선린정책을 추구하며, 독자적·민족주의적 정책을 버리고 통합된 유럽의 일원으로서 세계 평화를 추구한다. 둘째, 서구제국, 미국, 캐나다 등과의 동맹 및 유내관계를 존중히고 공동의 가치를 추구한다. 셋째, 독·불 간의 우호협력을 통해 유럽의 통합 및 평화체제 구축을 위한 견인차 역할을 수행한다.

넷째, CSCE가 유럽통합에 기본적으로 기여했음을 인정하고 동 기구의 상설기구화 등 발전을 추진한다. 다섯째, NATO와 WTO 간에 우호·동반자 관계 설정을 모색한다. 여섯째, 범 유럽적 책임이란 차원에서 독소 우호협력 관계를 중시한다. 일곱째, 폴란드와의 항구적인 화해를 추구하고 헝가리와 체코슬로바키아의 개혁을 지원한다.

그날 밤 콜 총리는 리하르트 바이츠제커 대통령, 겐셔 외무장관 겸 자민당 총재, 빌리 브란트 전 총리, 오스카 라퐁텐 사민당 총재, 데메지에르 동독 총리 등과 함께 베를린의 옛 제국의사당 앞 계단으로 나갔다. 10월 3일 자정이 되자 불꽃이 터지고, 제국의사당 국기 게양대에 흑·적·황 3색의 독일 국기가 게양됐다. '통일과 자유와 권리'라는 가사가 담긴 국가(國歌)가 울려 퍼졌다. 독일은 통일됐다!

베를린 장벽 붕괴 이후 콜은 국내외로부터 통일을 너무 서두른다는 비난을 받곤 했다. 그때마다 콜은 천둥번개가 치기 전에 곡식을 조금이라도 빨리 곳간에 들여놓으려는 농부의 심정에 자신을 비유했다.

최종 승자는 아데나워

독일의 통일은 1945년 패전 이후 자유민주주의와 시장경제, 미국 등 서방세계와의 동맹을 통해 독일의 재건을 모색했던 아데나워 노선의 승리였다. 독일은 결국 아데나워가 예언했던 방향으로 통일됐다. 독일 통일과 관련해서 흔히 동방 정책을 추진했던 빌리 브란트를 많이 얘기하지만, 독일연방공화국의 대계(大計)를 세운 아데나워에 비할 바가 아니다. 통일을 이룩한 콜은 자신의 회고록《나는 조국의 통일을 원했다(Ich wollte deutschlands einheit)》에서 이렇게 말했다.

"독일연방공화국의 초대 총리인 아데나워는 1950년대에 엄청난 저항에도 불구하고 독일 통일에 대한 서방세계의 지원을 확보하기 위해 노력을 기울였다. 그는 또 동서독 문제와 관련, 법적·정치적으로 그 해결을 유보한 채 인내와 긴 호흡으로 동서 간 갈등을 극복하는 작업에 정책 목표를 두었다. 1989~1990년에 일어난 사건들은 아데나워의 견해가 옳았다는 것을 인상 깊게 확인시켜주었다."

서독은 교류 협력을 통해 동독에 물질적 대가를 지불하되 동독 정부와의 협상으로 상호 방문, 서신 교환, 다양한 분야에서의 제도적인 교류 협력을 관철시켰다. 이를 통해 동독 주민들의 삶의 질을 개선했다. 역대 서독 정부가 동독을 이 모양 저 모양으로 지원한 금액을 따져보면 천문학적 금액이다. 사실 돈으로 동독을 '보쌈'한 것과 마찬가지다.

서독은 1980년대 후반 들어 공적 및 상업적 거래를 통해 동독 정권의 재정적 수요를 충족시켜 주었다. 1980년대에 서독의 개인 방문객이 의무 환전액, 비자 수수료, 외국인 대상 상점에 대한 특별세, 동독 친지들에게 주는 선물 등으로 동독에 제공한 돈만 연간 15억 마르크에 이르렀다. 거기에다 주로 일괄 지급하는 서독인들의 베를린 통행료 사용료(연간 5억 마르크)와 독일 내 우편 및 전화료(연간 2억 마르크로 1982년 이전까지 지불한 액수의 두 배 이상)를 합하면 총 지불액은 더 늘어난다.

서독 정부는 특별한 사업을 통해서도 추가 비용을 지불했다. 예를 들면 베를린과 함부르크 사이의 새 고속도로 건설(10억 마르크로 대부분 구간은 이미 슈미트 정부에서 완공되었음), 기존 통행로와 다리의 개량과 확장(7억 마르크), 베를린으로 이어지는 철도의 개선(1억 5천 마르크) 등이 있었다.

기민당과 기사당은 서독의 지불과 교역, 차관이 불가피하게 동독 및 동구 진영 국가들의 경제적 안정은 물론 사회적 안정에도 기여한다는 점을 인정했다. 그럼에도 불구하고 기민당과 기사당은 돈으로 관계 진전을 사는 데 적극 나섰고, 그 과정에서 엄격한 반대급부도 요구하지 않았다. 동구로부터 구속력 있는 상호성 보장이 없는 경우에도 경제적 혜택을 제공했던 것이다. 더욱이 기민당 지도자들은 미국과의 마찰이 예상되는 상황에서도 새로운 동방 정책을 거리낌 없이 밀고 나갔다.

동독 주민들이 서독의 체제를 눈으로 보고 귀로 듣고 판단할 수 있도록 했다. 동독 주민들에 대한 관심은 이른바 '자유거래(Freikauf)'에

1989년 11월 21일 백악관에서 한스 디트리히 겐셔 독일 외무장관(오른쪽)이 부시 미 대통령에게 무너진 베를린 장벽의 조각을 전달하고 있다. Photo/미국 국립문서기록관리청

서 빛났다. 동독에 투옥된 정치범들을 서독이 돈을 지불하고 석방시켜 서독에 데려와 자유롭게 한 정책이다. 동독 공산정권에 저항하다 범죄인으로 고통 받는 동독인들을 보호하는 것은 독일 민족에 대한 정통성을 가진 국가의 책무로 받아들였다. 서독이 독일 민족의 유일한 합법 정부임을 말이 아니라 행동으로 옮긴 것이다.

1990년 3월 18일 선거를 통해 동독인들은 자존심을 버리고 서독 기본법 제23조에 의한 흡수 통일을 추진한 콜 총리의 통일 방식을 택했다. 화폐, 경제 및 사회 통합을 위한 조약, 선거조약, 통일조약을 통해 통일을 위한 독일 내부의 준비는 완료됐다. 그러나 독일 통일은 동서독인들 만의 결정으로 완성될 수 없었다.

1990년 9월 12일 전승 4국과 동서독 등 6개국은 '독일에 관한 최종 규정에 관한 협정', 이른바 '2+4 협정'에 서명했다. 통일의 법적·정치적 외부 틀이 완성된 것이다. 1974년부터 1992년까지 18년 동안 독일의 외무장관을 수행한 베테랑 외교관 한스 디트리히 겐셔(Hans-Dietrich Genscher)의 물밑 역할도 컸다. 전승 4국이 보유하던 독일에 관한 특별권은 1990년 10월 3일 독일의 통일과 함께 소멸됐고, 독일은 완전한 민족자결권을 가진 주권국가로서 새롭게 출발했다.◎

제3장

아! 동서독 접경 1,393km

01 동독으로 들어가는 최북단 검문소

뤼베크-슐루툽 접경기록보관소
Grenzdokumentationsstätte Lübeck-Schlutup

'독일 분단의 축소판' 베를린을 둘러보고 동서독 접경지 가운데 가장 북쪽인 슐레스비히홀슈타인 주의 뤼베크 슐루툽(Lübeck-Schlutup)을 향해 출발했다. 베를린에서 323km의 거리, 자동차로 4시간 걸리는 거리다. 세상에! 베를린을 출발해 브란덴부르크 주 교외를 빠져나가 달리는데 터널이 하나도 안 보였다. 서울양양고속도로 전 구간의 터널 개수는 63개, 경춘고속도로엔 28개의 터널이 있지 않은가. 그만큼 독일은 완전한 평야지대였다.

국토 지형으로 볼 때, 독일 아래에 위치한 스위스나 오스트리아의 산악지대에서 엘베 강이 발원해서 북쪽의 함부르크 쪽 북해(北海)로 흘러들어간다. 지도상으로 보면 쉽사리 이해가 가지 않는다. 토질은 검은색 부식토(腐植土)로 토질이 좋아 어떤 작물을 파종(播種)해도 열매가 주렁주렁 달린단다. 국토 면적이 비슷한 프랑스와 독일은 어마어마한 곡창지대를 확보하고 있는, 신의 축복을 받은 나라란 생각이 든다. 아무튼 먹고 살 것 걱정이 없는 그런 독일이 왜 두 차례의 세계대전을 일으켰는지 이해가 가지 않는다.

끝없는 벌판을 달리다 보니 2008년 11월 3일, 프랑스철도공사(SNCF) 파리 동역에서 스위스 취리히 행 테제베 포스(POS)를 최고의

베를린에서 동서독 접경 가장 북쪽인 슐레스비히홀슈타인 주의 뤼베크를 가다 보면 끝없는 평원 곳곳에 풍력발전기와 태양광 발전 패널을 볼 수 있다. Photo/오동룡

속도(시속 320km)로 조종했던 기억이 떠올랐다. 프랑스국철(SNCF)의 스트라스부르 출신 기관사의 도움으로 파리 동역에서 스트라스부르까지 498.5km 구간을 2시간19분만에 달린 적이 있었다. 그때 유명한 와인 산지 샹파뉴아르덴 지방을 통과했는데, 지금 차로 달리는 곳이 아르덴 벌판과 판박이로 똑같다. 산 하나 없는 넓은 벌판에 근심 없이 자라는 포도와 유채, 보리들을 보면서 독일이 유수의 농업국이라는 것을 새삼 느낀다.

곳곳에 풍력발전기가 보였고, 태양광 발전이 들판을 가득 메운 곳노 있었나. 실세 독일의 선틱산업 동일은 옛 동독 지역에 조성된 풍력발전 등 재생에너지가 큰 도움이 됐다고 한다. 현재도 옛 동독 지역은 재생에너지의 생산과 소비가 크다고 한다.

뤼베크 슐루툽 접경검문소를 개조한 접경기록보관소. 동독 국기 색깔의 국경 표식 지주와 건물 입구엔 'Zoll Haus(세관)'란 푯말도 붙어 있다. 단층의 미니 박물관이지만, 소장하고 있는 내용들이 알차다. Photo/오동룡

동서독 북부 접경선 모형. 바다를 사이로 오른쪽 육지가 서독 지역이고 위쪽이 동독 지역이다. 서독 지역의 접경통과소는 슐루톱, 동독 지역의 접경통과소는 젤름스도르프다.

Photo/오동룡

베를린에서 남쪽으로 약 150km 떨어진 옛 동독 지역인 작센 주의 소도시 탈하임에는 한화큐셀 글로벌 연구개발(R&D) 센터가 있다. 한화그룹 계열사인 한화큐셀은 총 8GW(2018년 상반기 기준)의 셀과 모듈 생산량을 보유하고 있으며, 셀 기준으로 세계 1위 업체다. 한반도의 경우에도 바람의 질 등을 감안할 때 통일 이후 북한 평안북도 철산군 철산반도 등이 풍력발전이 알맞나는 에너지 학사들의 의견도 있다.

한자동맹의 수도로 한때 북유럽 해상무역의 중심지였던 항구도시 뤼베크(Lübeck)는 서독 슐레스비히홀슈타인 주에 속한다. 세계문화유

1986년 11월 고무보트를 타고 동독을 탈출한 한스 카를 폰 슈니츨러. 그는 당시 동독TV 정치 프로그램 진행자의 조카여서 서독 언론이 떠들썩했다. Photo/오동룡

전시실 내부. 1945년 전승국에 의해 분단되었을 때의 상황과 자료들, 동독이 탈출자를 막기 위해 사용한 도구들과 목재 감시탑 모형, 동독이 생산한 생필품 등을 전시하고 있다. Photo/오동룡

산으로 지정될 만큼 아름다운 풍광을 자랑하는 곳이다. 이곳에서 바닷가 방향으로 약 10km 거리의 작은 접경마을인 슐루툽(Schlutup)에 접경기록보관소가 위치하고 있다. 이곳은 동해(Ostsee)를 동서독으로 갈랐던 해양경계선이 육지와 만나는 곳으로, 동독 메클렌부르크포어포메른 주의 젤름스도르프(Selmsdorf)와 마주보고 있다.

'뤼베크 슐루툽 접경기록보관소'는 동독으로 들어가는 최북단 검문소다. '죽음의 지대(Todesstreifen)'라 불렸던 동서독 접경선 약 1,400km의 출발섬이자 새로운 생녕의 탄생을 알리는 그뤼네스 빈드(Grünes Band)의 시작점이다. 그뤼네스 반트는 베를린 장벽과 동독 순찰로 사이 50~200m 지점에 조성된 지역으로 국경을 따라 1,400km

가까이 이어진다. 지뢰, 참호, 자동소총 등이 설치됐고, 500여명이 사망해 '죽음의 지대'라 불렸다. 통일 후 그뤼네스 반트로 조성됐다.

뤼베크의 슐루톱에 있는 한산한 접경박물관 '뤼베크 슐루톱 접경기록보관소'를 찾아갔다. 일흔 살이 훌쩍 넘어 보이는 소장이 한국에서 온 손님들을 친절하게 맞는다. 건물 앞마당엔 'ㄴ자' 장벽과 동독의 국민차 흰색 트라비가 전시됐다. 트라비 뒤 동독의 분단 철조망에는 미하엘 가르텐쉬래거(Michael Gartenschlager)를 포함해 장벽을 넘으려다 사살당한 사람들을 소개하고 있다.

제2차 세계대전 이후 독일이 미·영·불·소에 의해 분할 점령되면서 독일 북부 지역인 서독 슐루톱과 동독 젤름스도르프 사이에도 경계선이 생겼다. 접경통과소가 설치됐고, 허가받은 사람들만 통행이 가능했다.

1960년 서독이 뤼베크 슐루톱에 설치한 접경통과소는 가건물 형태였다. 이후 1979년 12월 1일 온전한 건물로 건축해 1990년 통일이 될 때까지 서독 세관과 연방접경수비대가 운영하면서 인력과 물자의 통과처리소로 사용했다. 지금 박물관으로 사용하고 있는 접경통과소는 통일 이후 방치됐었다고 한다.

인근에 공장들이 들어서면서 사라질 위기에 처하기도 했으나 현지인들이 '최북단 지역에 위치한 통과소'라는 점만으로도 보존 가치가 충분하다고 주장하자 얼마 후 보수공사를 시작했고, 베를린 장벽 붕괴 15주년을 기념해 2004년 11월 9일 다시 문을 열었다. 이곳에는 북부 독일의 동서독 접경 지역 현황을 보여주는 자료가 1층부터 지하층

뤼베크-슐루톱 주민들이 세운 분단기념비. 1956년 세울 때는 통일을 기원하는 뜻에서 'SLUT UP Getrennt 1945-(열려라 분단 1945-)'라고 숫자를 공란으로 비웠다. 마침내 1989년 12월 23일 이곳의 장벽이 걷히자 주민들은 비석에 1989를 새겨 넣었다.

Photo/오동룡

까지 가득할 뿐만 아니라 분단과 관련한 교육장으로도 활발하게 활용되고 있다.

동독이 설치한 접경통과검문소는 슐루톱과 마주보는 젤름스도르프에 있었다. 동독이 북부 해안선을 따라 설치한 감시탑도 젤름스도르프에 설치했다. 1960년 3월 1일 베를린 장벽이 설치되기 직전 동독은 최북단 통과지점으로 젤름스도르프 접경통과검문소(GUST)를 설치했다. 처음에는 간이 건물 형태로 두 지역의 통행에 대한 검문과 관세(關稅)를 처리했다. 1972년 8월 동독은 통과검문소를 확장·이전했다. 동서독 간 관계 개선에 따른 왕래 증가에 따라 새 건물이 필요했기 때문이다.

1945년 제2차 세계대전 종전 후 소련 점령당국은 동독의 메클렌부르크포어포메른에서 당시 영국이 점령했던 서독의 슐레스비히홀슈타인으로 통하는 모든 도로와 철도를 차단했다. 단 하나의 예외로, 서독의 슐루톱과 동독의 젤름스도르프 간 통행만은 1947년 7월 15일까지 유예했다. 하지만 이러한 통행도 얼마 지나지 않아 동독은 1952년 5월 15일부터 서독 함부르크 뤼베크로부터 동독 메클렌부르크로 향하는 모든 통행로를 닫았다.

1973년 7월 5일 새벽 3시 15분 슐루톱에서 동독 행 게이트가 열렸다. 버스가 출발했다. 목적지는 동독의 접경통과검문소인 젤름스도르프. 1972년에 체결된 '동서독 기본조약'의 성과였다. 시운전으로 비록 승객은 없었지만, 다시 한 민족 간의 연결을 알리는 역사적인 순간이었다.

서독 슐루툽과 동독의 젤름스도르프를 가르는 경계 이정표. 옛 분단선은 흔적도 없이 사라지고 이정표 하나만 남았다. Photo/오동룡

접경통과검문소를 비롯한 삼엄한 접경방비시설은 지금은 흔적을 찾아보기 어렵다. 감시탑, 벙커, 철조망, 각종 통신장비 등은 모조리 철거돼 일부 잔해만 접경기록보관소에 보관하고 있다. 슐루툽과 젤름스도르프 간 경계 이정표, 다시 말해 옛 분단선은 흔적도 없이 사라졌다. 자동차를 타고 무심코 지나다 보면 이곳이 분단선이었는지조차 알수 없다.

그런 아쉬움 때문인지 접경기록보존소 곁에 기념비 하나가 방문객들에게 이곳이 분단의 현장이었음을 알린다. 1956년 뤼베크 슐루툽 주민들은 분단선 바로 앞 도로에 'SLUT UP Getrennt 1945~'를 새긴

1980년부터 서독 지역의 쓰레기가 슐루톱 접경통과소를 거쳐 동독 쇤베르크에 위치한 쇠나이셰(Schöneiche) 매립지로 향했다. 서독 환경단체들은 1989년 슐루톱에서 독성 폐기물의 동독 수출을 항의하는 집회를 열기도 했다. Photo/dpa

기념비를 세웠다. 'SLUT UP'은 이 마을 슐루톱과 비슷하게 '슐루트 업'으로 발음되며 옛 독일어로 '열려라(Schließauf)'의 의미다. 이것에 착안해 주민들을 '열려라 분단 1945~'를 새기고 통일의 해 숫자를 넣기 위해 공란으로 비워두었다. 마침내 1989년 12월 23일 이곳의 벽이 열렸고, 이듬해 마을 주민들은 비석에 '1989'를 새겨 넣을 수 있었다.

1986년 11월 서독 언론은 '자유수영자'라는 헤드라인을 써가며 떠들썩했다. 자그마한 고무보트를 타고 바다를 건너 동독을 탈출한 사건이었다. 기사의 주인공은 당시 동독텔레비전의 정치 선동 프로그램 'Der schwarze Kanal(검은 통신)'의 책임 진행자 카를 에두아르트 폰 슈니츨러(Karl-Eduard von Schnitzler)의 조카 한스-카를 폰 슈니츨러(Hans-Karl von Schnitzler)였다. 동독 체제의 우월성을 선전하는 프로

그램 책임자의 조카가 자유를 찾아 탈출한 것이니 언론이 난리가 난 것은 당연한 일이다. 접경기록보관소에는 성인이 탈 수 있을지조차 의문이 가는 고무보트에 의지해 죽음의 바다를 건넌 그의 스토리가 전시돼 있다.

1980년부터 슐루톱 접경통과소를 거쳐 서독 지역의 쓰레기도 들어왔다. 수거한 쓰레기는 동독의 쇤베르크에 위치한 200ha 규모의 하치장으로 옮겨졌다. 주로 서독의 함부르크, 뤼베크 등 슐레스비히홀슈타인 주에서 수거한 것들이다. 동독으로 보내 처리하는 비용이 훨씬 저렴했을 뿐만 아니라, 동독 지역에선 이것을 반대할 만한 환경보호단체가 없었기 때문이다.

외환 부족에 시달렸던 동독은 1t당 약 50DM(서독 마르크)를 받고 서독의 쓰레기를 처리해주었다. 서독 지역뿐만 아니라 이탈리아, 네덜란드 등지에서도 쓰레기를 수입했다. 1982년부터는 서독의 독성 폐기물도 동독으로 보내졌으며, 그 양은 1989년까지 수백만 톤에 달했다. 동독이 돈에만 관심을 두고 쓰레기 처리를 깔끔하게 하지 않는 바람에 지상에 방치된 쓰레기가 지하수를 오염시켰다. 서독의 뤼베크 지역까지 영향을 미칠 것이라는 우려가 일자 1989년 슐루톱에서 독성 폐기물을 동독에 수출하는 것에 항의하는 집회가 열렸다.

02 독일 최북단 접경 열차역
헤른부르크 기차역
Bahnhof Herrnburg

뤼베크-슐루툽 접경기록보관소에서 12km 떨어진 곳, 자동차로 15분여 달리면 헤른부르크 접경 기차역(Bahnhof Herrnburg)에 도착한다. 독일 최북단에 위치한 접경 열차역이다. 분단 시기 동서독을 왕래했던 열차의 동독 쪽 접경역이라고 한다.

기차 역사는 허물어져 자취를 감추었다. 통독 이전 동서독 사람들의 발길이 스며있는 기차역과 플랫폼 구석구석을 살폈다. 기차역사가 없었고, 헤른부르크(Herrnburg)라는 역명 표지판, 곧게 뻗은 기찻길, 독일 신호등 암펠만의 캐릭터가 플랫폼 입구에서 양팔을 벌리고 정지 사인을 보내고 있었다. 역 구내 팻말에 붙은 '서비스 정보'를 보니 '헤른부르크 역에서는 티켓을 구매할 수 없습니다. 승객께서는 즉시 승차해 열차의 고객 서비스 담당자에게 알리시기 바랍니다. 티켓은 뤼베크 역에서 판매합니다.'라는 안내문이 적혀 있었다.

아직 3월 초순이라 그런지 독일의 날씨도 쌀쌀했다. 기차역 플랫폼에 한 여성이 나타났다. 플랫폼에 앉아 휴대전화로 누군가와 열심히 채팅을 하고 있었다. 플랫폼의 정적을 깨고 서쪽에서 빨간색 여객 열차 슈타트토레 라인(Stadttore Linie)이 미끄러지듯 들어와 독일 여성을 태우고 사라진다. 기찻길 옆 풀숲에서 갑자기 토끼 한 마리가 튀어나

독일 최북단 접경 열차역인 헤른부르크 역 철길. Photo/오동룡

와 철길을 내달려 서독 지역 쪽으로 뛴다. 작은 동물조차 본능적으로 '자유'를 아는 것 같다고 생각했다.

　1972년 동서독 '기본조약'이 체결되면서 서독은 할슈타인 원칙을 폐기하고, 1973년 동서독이 유엔에 동시 가입을 했다. 그래도 서독의 '하나의 독일' 정신은 변하지 않았다. 서독 정부는 통일되는 그날까지 '국경선'을 '경계선', '국경 지역'이 아니라 '접경 지역'이라고 표현했다. 동독이 경계선에 국경선임을 보여주려고 검정·빨강·노랑이 들이간 표지석, 표지판, 표식 지주 등을 돌, 철판, 콘크리트 등을 활용해 요란하게 설치했던 반면, 서독은 고작 경계선이란 표지판 하나로 분단 지역

헤른부르크 역 구내에 진입하고 있는 슈타트토레 라인 열차. 승차 승객은 여성 하나다.

Photo/오동룡

에 표시한 게 전부였다.

전쟁 직후 서방 점령 지역과 소련 점령 지역 간의 경계선 길이는 약 1,400km였다. 이후 동서독 간의 영토 교환을 통한 경계선 변경, 1949년 5월 서독이 건국하고 그해 10월 동독이 건국하면서 다시 경계선은 1,378km로 변했고, 1970년대에 동서독 접경위원회(Grenzkommission)가 접경선을 다시 획정할 때 획정 대상 1,393km 가운데 미획정 구간 약 96.2km가 존재했었다. 이러한 연유로 시간이 지나면서 동서독 국경의 길이가 달라졌다. 이 책에서는 동서독 접경위원회가 획정한 동서독 국경 길이를 1,393km로 사용한다.

동독 지역의 대표적인 '누더기길'. 덜컹거리지도 않았고, 정겨운 느낌이 들었다. Photo/오동룡

헤른부르크를 빠져나와 쉬락스도르프로 가는 길은 동독 지역들이다. 도로가 베를린과 달리 누더기 옷 같았다. 1975년 무렵 당시 뮌스터대 대학원에 유학하던 이원복 전 덕성여대 총장이 아동잡지《새소년》에 '시관이와 병호의 모험'이란 만화코너에서, '동독의 도로가 울퉁불퉁하고 누더기였다'라고 묘사했던 기억이 났다.

차를 세우고 도로를 보수한 것을 보니 기존의 아스팔트와 새로 보수한 아스팔트의 이음새를 느낄 수 없게 매끈하게 포장을 했다. 보기에만 누더기지, 주행하는 차는 전혀 덜컹거리지 않았다. 분단의 상처를 꿰매가는 독일답게 도로도 매끈하게 관리한다는 느낌이다. 통독 이후 30년이 지났지만, 도로 전체를 다시 포장하기는 어려울 것이다. '부분적으로 도로를 보수해서 쓰는데, 이만하면 훌륭한 것 아닌가?'라는 생각이 들었다.

독일 지역을 다니다 보면 이곳이 동독 지역이었는지 서독 지역이었는지 몹시 헷갈린다. 그런데 독일 사람은 물론이고, 관광객들이라 해도 관심을 갖고 보면 금세 구별할 수 있는 방법이 있다고 한다. 심지어 집의 색깔로도 동서독을 구분할 수 있다는 것이다. 동독 주택들은 대부분 회색빛이나 무채색 계열로, 사회주의 국가의 전형적인 주택양식을 그대로 표현하고 있기 때문이다. 독일 유학생들의 말을 들어보면, 식당에 들어오는 손님이 동독 사람인지 서독 사람인지 금세 알 수 있는데, 동독 사람들은 영양상태가 나빠 금발이든 흑발이든 빛바랜 머리색을 하고 있었다고 한다.

통일 이후 동독 지역에 개발붐이 일면서 이러한 과거 동독적인 모습도 점차 사라져가고 있다고 한다. 동독인들을 중심으로 '오스탈기(Ostalgie·동독의 모습으로 복원)'라는 말도 생겨날 만큼 옛 동독의 모습을 그리워한다.

03 샬 호수 접경박물관

쉬락스도르프 접경박물관 겸 내독접경정보센터

Grenzhus Schlagsdorf Informationszentrum innerdeutsche Grenze

'쉬락스도르프 접경박물관 겸 내독 접경정보센터'. 옛 황실 소작인의 역사적 건물을 활용해 1998년 문을 연 이 박물관은 동독의 북쪽 연방주였던 메클렌부르크포어포메른 지역에서 가장 크고 중요한 동서독 접경 현황을 보여주는 박물관이다.

동시에 이 박물관은 엘베 강(Elbe)과 샬 호수(Schaalsee)의 생물 다

쉬락스도르프 접경박물관. 엘베 강과 샬 호수의 생물 다양성 보호에 관한 북부정보센터 역할도 한다. Photo/오동룡

쉬락스도르프 접경박물관 야외엔 당시 동서독 접경
상황을 압축적으로 보여주는 전시물로 가득하다.
Photo/오동룡

감시탑과 장벽. 콘크리트 장벽 높이는 3.5m인데다 갈고리를 걸지 못하도록 둥글게 처리했고, 손으로 잡을 수 없도록 뾰족한 유리조각들을 촘촘히 박아놓았다. Photo/오동룡

양성 보호에 관한 자료 정보의 북부정보센터 역할도 겸한다. 이곳은 동서독 분단 시대 역사와 자연환경의 변천사도 동시에 전시하고 있다. 또한 동독 공산 독재체제 하에서 희생된 사람들의 아픈 역사도 충실하게 담고 있다.

특히 통독 한 달 전인 1990년 9월 동독 정부는 샬 호수 일대를 국립공원으로 지정하면서 서독에 '통일 선물'로 내놓았다. 이후 샬 호수(면적 309㎢)는 몇 년 동안 생물권 보호구역으로 발전해 나가다 2000년 유네스코(UNESCO) 지정 생물권보존지역으로 지정되었다. 생물권 보호구역임을 알려주는 'NaturPark'라 새겨진 부엉이 모양의 표지판이 곳곳에 보인다. 참고로 샬 호수 인근엔 민물고기가 많아 주변엔 민물고기 레스토랑이 성업 중이라고 한다.

동서독 북부 접경 지역 쉬락스도르프와 샬 호수에서 동서독 간 영토 교환도 이뤄졌다. 1945년 7월 1일 영국군 점령 지역과 소련군 점령 지역 간의 분단선이다. 영국과 소련은 1945년 11월 13일 협정을 체결해 1945년 11월 28일부터 새로운 분단선을 만들었다. 이때 소련군 점령지에서 영국군 점령지가 되었다. 샬 호수가 이때 분단선에 의해 동서로 나뉘어졌던 것이다.

박물관에는 당시 동서독, 특히 동서독 북부의 접경 상황과 호수를 둘러싼 접경지를 상세하게 설명하는 실물 전시물이 많았다. 동서독 접경수비대가 접경 지역에서 사용했던 경계 표지판들도 다양했다. 박물관에서 약 500m 떨어진 야외전시장은 단순한 전시장이 아니라 1980년대의 동독 접경방비시설물 원형을 그대로 살려 놓았다. 접경 지역 시설물 중 가장 완벽하게 지뢰와 철조망, 장벽, 감시탑 등을 살필 수 있는 구조였다. 3.5km에 걸친 당시 동독 군의 순찰 길은 자연스레 그뤼네스 반트 산책로로 바뀌었다. 14곳에 설치된 안내판에서 각각의 역사적인 사건과 의미를 알 수 있다.

동독은 5종이나 되는 방어물로 겹겹이 동독 탈출자들을 막았다. 두 줄의 콘크리트길은 접경 지역에서 흔히 볼 수 있는 것으로, 동독 국경수비대가 차량으로 순찰을 하던 길이다. '콜루넨베크(Kolonnenweg)'리 불린다. 동독은 이 길을 동서독 접경 1,393m 전 구간에 설치했다. 휴대전화로 땅속에 박힌 콘크리트 깊이를 재어보니 약 15cm에 이른다.

접경 탈출 방어시설물들. 차량 순찰로(콜로넨베크)를 중심으로 발자국 탐지 장치, 차량 방벽, 전기 철조망, 지뢰, 감시 벙커 등을 설치했다.

Photo/오동룡

땅에 매설된 지 50년이 지났건만 몇 년 전에 설치해 놓은 듯 단단하다.

두 번째는 발자국 탐지 지대로 순찰로 옆에 고운 모래를 깔아 발자국이 찍힌 흔적을 보고 탈주자를 찾기 위한 것이다. 세 번째는 움푹 파인 고랑에 콘크리트를 비스듬히 매설해 차량이 진입하는 것을 막기 위한 차량 방어벽이다. 북한군 병사 오청성이 판문점 공동경비구역에서 우리 측으로 차를 몰고 귀순하려다 차량 방어벽에 차가 빠지는 바람에 뛰다가 총격을 당했다. 차량 탈주자를 막는 데 위력을 발휘한다.

네 번째는 지뢰와 함께 땅에 설치한 날카로운 철조망이다. 그 철조망에는 SM-70이라는 자동 발사 장치가 설치돼 있고, 구간에 따라 전기 철조망을 설치한 곳도 있다. 철조망만 넘었다고 안심할 수 없는 구조다. 철조망 앞에는 사람 키 높이의 두 배나 되는 콘크리트 장벽(3.5m)이 세워져 있다. 갈고리를 걸어서 탈출하지 못하도록 머리를 둥글게 만들었다. 아니면 뾰족한 유리조각들을 촘촘히 박아 놓았다. 이 구간에는 탈출자를 내려다 볼 수 있는 감시탑은 물론 지하벙커와 군견, 탐조등을 설치해 24시간 감시가 가능하다.

동독의 접경 감시탑(Beobachtungstürme: B-Türme)은 최초엔 현재의 모습이 아니었다. 1960년대 초 동독은 접경선에 목재 감시탑을 세웠으나 안전하지 못해 감시자가 상시 근무하지 않았다. 1969년부터 목재 감시탑을 철거하고, 콘크리트로 둥근 지주와 각진 원형 감시실이 있는 감시탑을 만들었다. 이때만 해도 기초가 부실해 아현후에 건디지 못했다. 1970년대 탄탄한 기초공사 후 콘크리트로 사방 2m 정사각형의 감시탑을 세웠다.

'죽음의 자동기계'라 불렸던 SM-70형 자동 발사 장치. 1976년 4월 동독은 동독 출신 민권 운동가 가르텐쉬래거가 SM-70형 발사 장치를 두 번이나 제거하자, 자동 발사 장치에 상자를 씌워 도난을 방지했다. Photo/오동룡

높이는 지형에 따라 조정되었지만 좁은 공간이라 내부 사다리로 감시실로 올라가면 동서남북 사방을 감시할 수 있는 창문에 탐조등까지 장착했다. 1970년대 말에서 1980년대 초에 마지막 개량형이 나타났다. 지휘부가 사용하는 사방 4m의 정사각형, 9m 높이의 콘크리트 감시탑이 들어섰다. 통신시설, 경고방송 시설, 탐조등, 침상까지 갖췄다. 이를 일반 감시탑과 구별해 지휘 감시탑(Führungsstelle)이라 불렀다.

04 호수에 빠진 젊은 병사의 꿈
자유로의 비상구
Notausgang zur Freiheit

쉬락스도르프 접경박물관에서 20km 쯤 달리다 보면 서독으로 탈출하다 숨진 사람들을 애도하는 기억의 장소들이 곳곳에 눈에 뜨인다. 차를 달리는 데 도로 옆 표지판이 심상치 않아 보여 차를 급히 세웠다. 숲속으로 난 길을 따라 한참을 걸었다. 이곳이 그뤼네스 반트임을 알리는 부엉이 표지판과 함께 사진 한 장이 담긴 안내문이 보였다.

동독 국경 순찰로와 동독 국경수비병이 탈출을 시도했던 것을 기록한 안내판. Photo/오동룡

그라이프스발트(Greifswald) 출신 동독 국경수비병이 서독으로 탈출을 시도했던 곳이다. 당시 상황을 동독 국가안보성이 기록해 두었다. 1986년 11월 20일 새벽 3시경 병사는 이 철조망을 넘어 랑코베르호(Lankower see)에 뛰어들어 서독 쪽으로 건너가다 잡히고 말았다. 철조망을 넘다가 신호선을 잘못 만지는 바람에 국경수비대에게 발각된 것이다.

병사는 안간힘을 다해 헤엄을 쳤으나 너무 지친 나머지 경계선을 불과 300m 앞두고 두 명의 독일 국경수비대 병사에게 체포됐

샬 호수 생물권보전지역임을 표시하는 부엉이 간판이 서 있다. Photo/오동룡

다. 동독 군은 병사를 슈베린에 있는 감옥으로 이송해 국가안보부에서 취조를 한 후 1987년 2월 19일, 작센안할트 주의 주도(州都) 마그데부르크(Magdeburg) 군사법원에서 재판을 받도록 했다. 병사는 2년 8개월의 징역형을 선고받았다. 젊은 병사가 뛰어넘다 건드렸다는 3m 높이의 철조망 자리에는 이름 없는 들꽃들이 피어 있었다. 표지판 너머로 그가 그토록 건너고자 했던 호수가 갈대밭 사이로 보인다.

동독 국경수비병이 뛰어들었던 샬 호수. 경계선을 불과 300m 앞두고 동료 경계병에게 체포됐다. Photo/오동룡

05 팔후우스

샬 호수 유네스코 생물권보전지역정보센터
Informationszentrum des UNESCO-Biosphärenreservates

팔후우스(PAHLHUUS)는 샬 호수 유네스코 생물권보전지역정보센터와 샬 호수-엘베 강 생물권보전지역 관리청을 겸하고 있다. 로비에 들어서니 바다처럼 넓은 샬 호수의 시원한 사진이 벽면을 장식하고 있었다.

엘베 강 샬 호수 생물권 지역은 접경선 지역에 조성된 그뤼네스 반트 가운데 가장 핵심적인 지역이다. 특히 희귀 동·식물이 자연 상태로

샬 호수 유네스크 생물권보전지역정보센터. Photo/오동룡

곤충호텔. Photo/오동룡

자라고 있을 뿐만 아니라 훼손된 동·식물이 회복해 가는 지역이며, 관광객들의 휴양지로 활용하고 있다.

동서독 자연보호자들 간에는 분단기간 동안 개인적인 접촉만 가능했고, 국가적 차원에서의 교류는 없었다. 동독이 1976년 유네스코 생물권보전계획에 참여한 반면, 서독은 자연공원과 국립공원을 선호했다. 1985년 서독 슐레스비히홀슈타인 주지사인 우베 바르셸(Uwe Bearschel)은 샬 호수와 주변의 호수, 그리고 천변 지역을 포함하는 동서독 접경 지역에 '초접경 보호지역'을 설치하자고 제안했다. 동독도 여기에 관심을 표명해 1987년에는 동서독 간에 '환경보호협정'을 체결했다. 그리고 1990년 동독이 역사 속에 사라지기 직전, 자연보호대계획(National parkprogramm)이 실현된 것이다.

1990년 9월, 통일 한 달 전에 동독 정부는 그 동안 미뤄왔던 샬 호수 국립공원 지정을 밀린 숙제 처리하듯 해냈다. 통일 이후에 샬 호수는 생물권보전지역으로 발전했다. '독일환경자연보호연맹'(Bund für Umwelt und Naturschutz Deutschland), 이른바 '분트(BUND)'는 이 지역

샬 호수 주변의 습지에 유럽연합이 투자해 조성한 습지 체험로(Moorerlebnisfad). 죽은 나무를 생물이 거주하는 공간으로 만들었다. Photo/오동룡

을 확장했고, 국가적 차원에서 보호해야 할 상징 지역으로 조성했다. 그 노력의 결실로 2000년 샬 호수는 유네스코 생물권보전지역으로 지정됐다.

통일조약의 한 부분을 이룬 이 계획에는 모두 30만 200ha 규모의 6 개 생물권보전지역, 12만 9,500ha 규모의 5개 국립공원, 5만 5,800ha 규모의 3개 자연공원을 포함했다. 1만 6,200ha 규모(축구장 2만 2,800개 크기)의 샬 호수 자연공원도 여기에 포함된다.

참고로 분트는 독일의 대표적 환경단체다. 1973년 9월 바덴뷔르템 베르크 주에서 창설됐고, 주마다 지부 활동을 벌인다. 초창기 상임 활동가 50명으로 시작해 현재 전체 연방을 관할하며 상임 활동가만 100명, 회원은 20만 명에 달한다고 한다. 초기 분트의 활동이 두드러 지기 시작한 것은 1975년 연방정부가 강행하려던 프라이부르크 인근

비일(Wyhl) 원전 반대운동이었고, 마침내 연방정부의 계획을 백지화시켰다.

그러나 체르노빌 원전 사고 이후 분트는 원전 건설 반대에 그치지 않고 태양광과 풍력 등 재생에너지 개발 운동으로 영역을 확장해 갔다. 분트는 무조건적인 반대가 아니라 현실적인 대안을 제시하는 단체다. 특히 분트는 이익단체를 넘어서 초정당적으로 환경정책을 제언한다.

분트의 활동은 '독일연방자연보호법'에 따른 것으로, 국가와 지방자치단체 등의 토지개발 및 건설계획에 대해 의견을 낼 법적 권한을 갖는다. 특히 매주 주 의회를 방청해 의원들의 환경 입법 활동 등을 기록하고, 이를 보고서로 작성해 선거 전에 발표하는 방식으로 자연스레 '낙선운동'으로 이어가고 있다.

야외전시장으로는 곤충호텔(Insekten Hotel), 샬 호수 천변(川邊) 습지에 유럽연합(EU) 투자로 조성된 습지 체험로(Moorerlebnispfad)가 있다. 습지 체험로에는 자연 그대로의 습지가 조성돼 있었고, 죽은 나무는 살아 있는 생물이 서식하는 공간으로 활용되고 있다.

죽음의 땅을 생명의 땅으로… '그뤼네스 반트'

냉전의 그늘 속에 신음하던 동·서독이 대립한 옛 국경인 '철의 장막'이 둘러쳐진 죽음의 땅은 통일 후 자연과 문화, 역사가 공존하는 생명의 땅, 그뤼네스 반트(녹색 띠)로 거듭났다. 독일 통일 전, 동독 땅이었던 튀링겐 주는 그뤼네스 반트의 절반이 집중돼 있다.

동서독 접경 지역에 존재하는 그뤼네스 반트는 1999년 11월 9일 베를린 장벽이 무너지면서 시작됐다. 서독 자연보호연맹(Bund Naturschutz)을 중심으로 약 1,400km에 달하는 동서독 접경 지역의 환경보호 움직임이 시작됐다. 그 해 12월 9일 서독 자연보호연맹이 '그뤼네스 반트(Grunes Band)', 이른바 '그린벨트' 구상을 최초로 내놓았고, 국가사업으로 채택했다.

그뤼네스 반트 조성은 독일 최대 규모 환경단체인 분트(BUND)의 핵심 프로젝

팔후후스 로비 전경. 유네스코 생물권보전지역인 샬 호수의 전경을 시원하게 보여준다.

Photo/오동룡

트 중 하나로 1989년부터 프로젝트를 가동하자 세계에서 가장 특별한 자연보호구역으로 변모했다. 죽음의 땅이었던 이곳은 통일 후 다양한 생물종이 보호되고 있는 거대한 녹색 띠를 형성하고 있다. 그뤼네스 반트를 자연보호란 단순한 지향에서 탈피해 '역사', '자연', '이용과 이익'이란 세 가지 측면에서 조성해 인간이 '관광'하고 자연생태계가 생존·도래하는 지역으로 만든다는 취지였다. 이를 위해 연방정부·주정부 및 지자체 간 협력을 강화했고, 모든 진행과정을 투명하게 추진함으로써 공감대를 형성해 나갔다.

지역 예술인들과 생물종 연구에 종사하는 이들은 이 지역 그뤼네스 반트에서 자라나는 식물 종을 촬영해 엽서로 제작, 독일 그뤼네스 반트의 자연 생태를 일반인에게 알리고 있다. 이와 함께 각 접경 지역의 특성을 활용해 관광 상품으로 내놓는다. 정치·군사·경제·역사·문화·환경·생태적으로 의미 있는 지역, 평야지·산간지·하천지 등으로 구분된 과거 접경통과소, 동서독 분단 상황을 상징적으로 보여주는 장소 등을 그뤼네스 반트와 연계해 관광명소로 조성한 것이다. 접근 방법도 도보, 자전거, 산행, 자동차, 증기기관차 등으로 다양하게 제시함으로써 더욱 관광객들의 호기심을 불러 일으켰다.

그뤼네스 반트에 대한 사업계획과 운영책임은 연방정부가 아닌 해당 주에 있으며, 소요 재정도 각 주가 부담한다. 아울러 각 주가 영내에 속하는 그뤼네스 반트를 관장하되, 구동독 5개 주는 주자연보호재단(Landes Naturschutzstiftung)을 설립해 관장하고 있다.

현재 동서독 경계선에서 동독 쪽 접경 지역 공간의 비중이 높다. 서독이 분단시기 접경 지역에 별다른 방비시설을 하지 않아 공간이 사유화(私有化)되고 개발된 데 비해, 동독은 탈주자 방지를 위해 차단 및 통제 지역을 설정해 접근과 개발을 금지시켰기 때문이다.

그뤼네스 반트는 길이 1,393㎞, 폭 50~200m, 면적은 177㎢이다. 튀링겐 주를 포함한 9개 주(州) 정부를 통과한다. 튀링겐 주는 그뤼네스 반트 면적이 6,742ha로, 독일 그뤼네스 반트의 절반을 차지한다. 그뤼네스 반트는 북쪽의 해안 지역인 동해(Ostsee)로부터 작센 주(Sachsen)와 바이에른 주(Bayern)가 만난다. 그리고 체코와 국경을 이루는 3각 경계 지역인 미텔함머(Mittelhammer)에 이르기까지 독일의 알프스 지역을 제외하고 대부분의 다양한 자연경관지역을 통과하고 있다. 생태 공간적으로 볼 때 독일은 그뤼네스 반트가 중추(中樞)를 구성하며, 여기에 150개의 자연보호지역이 가지 모양으로 연결된 형태다.

그뤼네스 반트는 1개 국립공원, 3개 생물권보전지역, 136개 자연보전지역에 걸쳐 있다. 이 일대에는 약 5,200종의 동·식물이 서식하고 있으며, 그 가운데 600종 이상이 멸종 위기종으로 조사됐다. 전체 면적 가운데 약 60%가 자연보호지역으로 잘 보호되고, 약 180km는 자연보호 측면에서 손상되기도 했다. 훼손은 주로 농업과 초지 활용, 도로나 건축물로 인한 것이다. 따라서 접경 지역에 대한 자연환경 보호 및 발전 계획이 지역 개발에 있어서 가장 중요하다는 것이 입증됐다.

독일의 첫 전국적인 자연 보존 프로젝트인 그뤼네스 반트는 현 독일 역사의 살아 있는 기념비로 냉정과 죽음의 공간이었던 분단 현장이 화합과 생명을 상징하는 공간으로 탈바꿈할 수 있다는 점에서 남북한 DMZ 보존 방안 마련에 큰 시사점을 준다.

그뤼네스 반트 그래픽.
출처: Die WELT 홈페이지

06 서독의 작은 마을회관

프리스터카테 뷔헨
Priesterkate Büchen

프리스터카테(Priesterkate)는 서독의 슐레스비히홀슈타인 주 뷔헨 (Büchen)에 속한다. 동독 메클렌부르크포어포메른 주를 마주 보는 접경 지역의 작은 마을회관이다. '프리스터카테 카페'로 이름을 붙인 이곳은 1945년 동서독이 분단됐을 때도 마을 사람들이 이곳에 모여 서로를 위로했던 장소라고 한다.

건초더미로 지붕을 엮은 마을회관, 프리스터카테 뷔헨. Photo/오동룡

마을회관 1층 카페는 손님들로 북적였다. 건물 2층은 미니 박물관으로 운영하고 있었다.
Photo/오동룡

그림엽서에나 나올법한 건초 재료로 지붕을 얹은 삼각형 목조건물 1층엔 코로나 19가 전 세계를 강타하고 있음에도 마을 사람들로 북적였다. 앉을 자리가 없었다. 건물 2층은 분단과 접경 지역의 상황을 보여주는 작은 박물관이다. 건물 바깥 공터에는 동독 접경 지역 표지와 장벽시설의 실물을 전시하고 있었다.

이 마을회관의 실내 전시물은 규모에 비해 너무나 알찼다. 동독 국가안보성 요원이 접경지에 투입된 경우, 은성메달과 1,500M(동독 마르크)의 장려금을 주었고, 이 돈으로 젊은 요원은 카세트테이프 녹음기를 샀다는 전시물과 함께 있었다. 또 서독 화폐 'DM'이 동독 화폐 'M'

동독 출신 민권운동가 미하일 가르텐
쉬래거가 자동 발사 장치(SM-70)를 제
거한 스토리와 그의 생애를 기록한 자
료. 가르텐쉬래거가 제거한 SM-70형
발사 장치. 1970년~1984년 사이에
접경선 440km에 총 6만여 개를 철조
망 울타리에 설치했다. 점화 메커니즘
이 작동되면 날카로운 금속 파편이 깔
때기에서 튀어 나왔다. Photo/오동룡

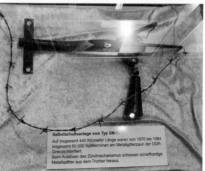

보다 구매력이 월등히 높았기 때문에 서독 방문 동독인들은 DM을 숨겨 밀수했다고 한다. 또한 서독인이 동독 친척에게 선물을 보낼 때 DM을 물건에 숨겨 부쳤다. 동독과 서독 화폐 간의 공식 환율은 4:1이었으나, 암시장에서 25:1까지 거래되기도 했다.

이곳에도 어김없이 안타까운 사연이 있었다. 청년 미하엘 가르텐쉬래거(Michael Gartenschläger, 1944~1976)가 바로 그 주인공이다. 전시물 중 철조망에 설치되었던 자동 발사 장치 SM-70을 살피다가 희생된 희생자의 모습이 눈에 확 들어온다.

동독에서 태어난 민권 운동가 미하엘 가르텐쉬래거는 17세 때인 1961년 친구들과 함께 베를린 장벽이 세워진 것에 항의하다 반체제 혐의로 검찰로부터 사형을 구형받았고, 무기징역을 선고받았다. 1971년 그는 서독이 동독의 정치범을 서독으로 데려오는 이른바 '자유거래(Freikauf)'에 의해 서독으로 올 수 있었다. 함부르크에서 새로운 삶을 시작한 이후에도 그는 줄곧 동독 독재체제에 맞서는 활동을 했다.

동독으로부터 서독으로 탈출을 돕는 '도우미' 역할을 하는 것은 물론이고, 동독이 장벽에 설치한 자동 발사 장치(SM-70)도 두 번이나 직접 제거해 그 사진을 시사주간지 《슈피겔(Der Spiegel)》에 싣기도 했다.

1976년 4월 30일 그는 두 명의 친구와 함께 프리스터카테 인근 브뢰텐(Bröthen) 접경선에 접근해 자동 발사 장치를 철거하려다 동독 비밀경찰인 슈타지(Stasi)에 의해 사살되고 말았다. 국가보안성(슈타지) 비공식 요원(IM)의 밀고로 접경지대에 매복한 동독 군의 총격에 의해 사망한 것이다. 동독 국경수비대는 그를 끌고 가 암매장했다가 일주일

접경 지역을 알리는 표지석과 경고판. 마을 회관 밖에도 접경표지석이 보인다. 세월을 이기지 못하고 표지석 밑부분의 시멘트 조각이 부스러지기 시작했다. Photo/오동룡

후 불태워버렸다. 그의 유골은 통일 후 그의 누이에 의해 발견됐다. 죽은 장소에 친구들이 그의 값진 희생을 기리는 십자가를 세웠다.

동독의 국가안보성은 접경 지역의 주민 동향을 감시하기 위해 비공식 정보요원(IM)을 운영했다. 주민들은 누가 IM인지 서로 알 수 없었다. 내 남편이나 아내도 IM일 수 있었다. 탈주 계획을 탐지해 밀고하거나, 서독과의 접촉을 감시하고, 정부정책을 선전 선동하는 것이 그들의 역할이었다. 오토 카만(Otto Kamainn)은 1971년 IM이 되었고, 1975년부터 쉬락스도르프 일대의 책임을 맡아 1988년까지 40여 명의 IM을 관리했다고 한다. 전시장 내에서 그의 활동 범위를 보여주는 자료들이 가득하다.

열기구를 타고 동독을 탈출했던 가족들의 실화를 다룬 영화 〈밸룬〉이 있다. 영화의 첫 장면은 탈출자가 철조망을 넘다 자동 발사 장치의 탄환에 맞아 숨을 거두는 모습으로 시작된다. 프리스터카테에는 자동

2018년 독일 미카엘 헤르비그 감독이 제작하고 프리드리히 머크가 주연한 실화 영화 〈벌룬〉.

발사 장치 SM-70형의 작동원리를 보여주는 사진이 전시돼 있다.

동독은 1970년 '죽음의 자동기계'(Todesautomat)라 불렸던 SM-70형을 접경선에 설치했다. 탈주자가 연결선을 건드리면 약 100g의 TNT가 폭발하면서 110여개의 쇳조각이 탄환으로 날아간다. 사정거리는 120m지만 유효사거리는 10m다. 가까이에서 보면 단순한 장치지만, 철조망 장벽에 삼중으로 설치된 SM-70을 빠져나가기란 사실상 불가능하다.

가르텐쉬래거가 SM-70형 발사 장치를 두 번이나 제거하자, 동독 국경수비대는 난감했다. 이후 궁여지책으로 상자를 자동 발사 장치에 씌워 도난을 방지했다. 1980년대까지 약 6만여 개의 자동 발사 장치가 설치됐고, 1983년부터 동독은 국제적 비난과 경제적 어려움으로 인해 장치를 해체하기 시작했다.

동독은 1961년 10월 25일 접경 지역에 지뢰를 설치하기 시작했다. 대부분 지뢰는 직접 밟으면 폭발했으나, 크레모아처럼 연결된 선을 건드리면 폭발하는 종류도 있었다. 기술 개발을 통해 탈출자를 죽이지 않고 심각한 상처를 입혀 체포할 수 있는 신형 지뢰도 부설했다. 동독이 접경지대에 설치한 지뢰 숫자는 약 130만 기로 추정된다. 비인도적 처사에 대한 국제 여론이 악화하자 동독은 1983년부터 지뢰를 제거하기 시작했다. 통일 전까지 약 3만3,000기의 지뢰가 접경 지역에 남아 있었던 것으로 파악됐다.

07 서독과 서베를린 사이를 오가던 기찻길

슈반하이데 기차역
Bahnhof Schwanheide

슈반하이데(Schwanheide)는 서독의 슐레스비히홀슈타인 주를 마주 보는 동독의 메클렌부르크포어포메른 주 접경지인 엘베 강의 지류에 위치한다. 이곳을 포함해 동서독 5개 연방주에 걸친 엘베 강 400km, 넓이 약 28만 2,250ha가 유네스코 생물권보전지역이다. 그중에서 메클렌부르크포어포메른 주는 약 4만 6,100ha를 차지한다. 멸종되다시피 했던 수달이 다시 돌아왔고, 목초지에 황새가 날아다니고, 200여 종의 철새가 이곳에서 겨울을 난다.

분단 시절, 서독 지역인 함부르크에서 출발한 기차는 뷔헨을 거쳐 접경선을 지나 동독에 위치한 슈반하이데(Schwanheide) 역에서 정차해 검문을 받았다. 서독과 서베를린 사이를 오가는 4개 열차 노선 가운데 하나였다. 오늘날 슈반하이데 역은 너무 썰렁했다. 1930년대 세워진 붉은 벽돌색 슈반하이데 역사(驛舍)는 이제 사라지고 지금은 부속건물만 텅 빈 채 남아있다. 매표하는 역사는 없이 승객만 태우고 떠났던 헤른부르크 역과 비슷했다. 부서진 단층 역사의 깨어진 유리창 조각들이 볼썽사납게 나뒹굴었지만, 역사 속의 기차역을 볼 수 있는 것만도 행운이라는 생각이 든다.

1945년 분단 이전에 동서독 간에는 47개의 철로가 운행됐다. 기찻

서독과 서베를린을 오가던 기찻길 슈반하이데역. Photo/오동룡

길은 분단 후 9개만 겨우 남았고, 그마저도 2개는 화물열차로 사용됐다. 통일 이후 9개 철로 가운데 가장 중요한 철로만 보수되어 사용되고 있고, 그곳으로 고속열차가 통행하고 있다.

분단 기간 동안 동서독 접경 지역 교류는 어떻게 했을까. 미·영·불·소 전승 4개국 점령기간 동안 서방 점령 지역과 소련 점령 지역 간 서로의 인력과 물사의 동행은 그나마 통제 속에서도 오갔다. 그러니 동서독이 처한 현실, 다시 말해 두 개의 국가와 별개의 군사동맹은 교류 협력을 근본적으로 위협했다.

슈반하이데역의 역사(驛舍)는 사라지고 텅 빈 부속건물만 흉하게 남았다. Photo/오동룡

1952년 5월 26일 동독 정부는 양 독일 간의 통로를 폐쇄하기로 결정했다. 이에 따라 동독에서 서독 지역으로 향할 수 있었던 자유로운 통로는 차단됐다. 다만 소수의 공식적인 접경통과검문소에서만 허용됐다.

접경 지역 교류에 근본적인 변화가 일어난 것은 서독 정부가 '신동방 정책(Neue Ostpolitik)'을 추진하면서부터다. 동독을 공존과 협상의 동반자로 인정한 시기다. 서독의 빌리 브란트(Willy Brandt) 정부는 우선 소련, 폴란드 그리고 체코슬로바키아와 쌍무적인 선린우호조약을 체결했고, 이어 동독과 쌍방 간의 관계를 규정한 '기본조약'을 1972년 12월 21일 체결했다.

특히 접경 지역에서 이러한 목표를 이루기 위해 동서독은 1972년 '기본조약' 제3조의 부속의정서, 즉 '기본조약 추가의정서' 1항을 바탕으로 '접경위원회'(Grenzkommission)를 공동으로 구성하기로 합의했다. 기본조약이 체결된 이듬해부터 접경 지역 주민들의 상호 방문이 다소 수월해졌다.

이른바 '작은 접경 통행(kleine Grenzverkehr)'이란 이름 아래 서독 주민들은 동독이 지정한 54개 접경 지역에 당일 방문을 할 수 있었다. 때에 따라서는 최대 30일간 동독 쪽 접경 지역 방문 신청을 할 수 있었고, 1979년에는 분기별로 최대 9회의 당일 동독 체류가 가능했다. 한편, 은퇴한 동독 주민들의 서독 방문의 길도 열렸다.

08 엘베 강의 슬픔
마을공화국 뤼터베르크 기념소
Denkmal Dorfrepublik Rüterberg

도르프리퍼블릭(Dorfrepublik·마을공화국) 뤼터베르크(Rüterberg)는 1949년 동독이 건국하면서 메클렌부르크포어포메른 주에 속하게 됐다. 엘베 강을 사이에 두고 서독의 니더작센 주 란트자츠(Landsatz)와 마주 보는 접경 지역이 됐다. 원래는 전쟁이 끝난 후 영국군 주둔 지역이었으나 아이허(Eihe) 다리가 끊겼고, 이후 영토 교환을 통해 소련군 점령 지역으로 바뀌었다.

1952년부터 통행증 없이는 마을을 출입할 수가 없었다. 마을 앞 엘베 강을 따라서 철조망이 설치됐고, 동독 정부의 이주 정책으로 22가구가 강제이주를 당하고, 토지는 몰수되었다. 마을 주민의 수가 급격히 줄어 1961년 약 300명이었던 주민은 통일 직전인 1989년에는 150명으로 줄었다.

1966년 동서독 사이에 영토 분쟁이 일어났다. 엘베 강에서 동서독 경비선 간 총격전도 벌어지면서 마을은 더욱 고립됐다. 서독은 인근 엘베 강 수면 전체에 대한 주권을 주장한 반면, 동독은 강의 중간선이 경계선이라고 주장했다. 결국, 이 엘베 강 부분은 통일이 되기까지 동서독 간 영토 경계 획정이 이뤄지지 못했다.

동서독은 1972년 '기본조약'에 따라 접경위원회를 1973년 1월 31일

마을공화국에서 바라본 엘베 강. 건너편이 서독이다. 통독 때가지 국경선을 획정하지 못했다. 입구 표지석에 '비인도적 희생자들을 위해(Für die Opfer der Unmenschlichkeit)'라는 글이 적혀 있다. Photo/오동룡

제도적으로 명문화하고, 같은 해 4월 5일부터 활동을 시작했다. 접경위원회는 동서독 간 경계선을 획정하는 일에 먼저 착수했고, 1973년부터 1976년간 이 작업을 수행했다. 1978년 10월 26일 접경위원회는 6년의 활동을 통해 경계선을 대부분 획정할 수 있었고, 1978년 11월 29일 의정서에 서명했다.

그러나 총 1,393km에 이르는 동서독 접경선 가운데 1,296.7km에는 합의를 했으나, 약 95km에 이르는 일부 엘베 강 구획(Elbeabschnitt)과 약 1.2km의 하르츠 개천 바르메 보데(Harzbaches Warme Bode) 구간에 대해서는 합의를 보지 못했다.

경계선을 강의 좌측 강변으로 할지 혹은 우측 강변으로 할 것인지, 강의 중간선 혹은 선박의 항로로 할 것인지, 강바닥의 가장 깊은 골로 할 것인지에 관해 쌍방이 합의를 이루지 못한 것이다. 결국 총 91회에 걸친 협의에도 불구하고 양측은 이들 지역에 대한 정확한 경계선 획정을 통일될 때까지 하지 못했다.

이 갈등의 여파로 마을 주민들의 고통이 가중됐다. 마을 주변과 앞 강변과 마을 주변에는 두 번째의 철조망이 세워지고, 뤼터베르크는 동독 자체에서도 격리된 지역이 됐다. 동독 군인들의 매서운 감시가 이뤄지는 통문을 통해 통행증을 제시하고 겨우 출입할 수 있었다. 그마저도 밤 11시에서 새벽 5시까지 통금(通禁)이 있었고, 외부인은 일절 통행할 수 없었다.

원래 뤼터베르크는 벽돌공장과 목재공장으로 활력이 넘쳤으나, 1971년 접경 지역의 안전을 위해 문을 닫아야 했다. 벽돌공장과 목재공장은 엘베 강을 감시하기 위해 허무는 바람에 흔적도 없이 사라졌다.

마을공화국 뤼터베르크는 동서독이 접경선 획정에 합의하지 못한 엘베 강 구획 내에 위치한다. 라우엔부르크(Lauenburg)에서 쉬나켄부르크(Schnackenburg) 구간이 미획정된 접경 지역이다. 뤼터베르크는 Dömitz(되미츠) 좌측에 자리 잡고 있고, 우측 끝에 있는 쉬나켄부르크에는 접경박물관이 있다.

뤼터베르크가 '마을공화국'으로 불리게 된 것은 격리 상황에 대한 저항의 표시였다. 마을의 재단사 한스 라젠베르거(Hans Rasenberger)는 스위스 자치마을인 '마을공동체' 사례에 관심을 가졌고, 1988년 서독의 친척을 방문하면서 스위스를 다녀왔다.

라젠베르거는 1989년 10월 24일 마을 주민들과 회의를 가졌고, 이를 위해 국가안보성의 지침에 따라 신청서를 제출했다. 마을 총회는 베를린 장벽이 붕괴되기 하루 전인 1989년 11월 8일에 승인했다. 지역 행정대표, 국경수비대 고위 장교, 인민경찰청 책임자, 마을 주민 90명 등이 마을회관에 모여 향후 동독의 통제 없이 마을을 자치적으로 운영하자고 조심스럽게 협의했다.

주민들은 만장일치로 뤼터베르크를 마을공화국으로 하자는 데 찬성했다. 하루 뒤 베를린 장벽이 무너졌고, 주민들은 뤼터베르크가 독립적인 '마을공화국'임을 선포했다. 다음 날인 10일부터 자유로운 출입이 마침내 가능해졌다. 통일 후 1991년 /월 14일 뤼디메르그는 메클렌부르크포어포메른 주의 승인을 얻어 마을 표시로 뤼터베르크 옆에 '마을공화국 1961-1989'을 쓸 수 있는 권리를 획득했다. 2001년부

표지판에는 동독 뤼터베르크 지역에 있었던 벽돌공장과 목재공장 사진이 있다. 1971년 동독은 엘베 강 감시를 위해 공장을 폐쇄했다. Photo/오동룡

Rüterberger Klinker

Als 1888 abbauwürdige Tonvorkommen im Rüterberg entdeckt wurden, wandelte sich der Charakter des Dorfes.

Der in der Rüterberger Tongrube gewonnene „Bergton" wurde auf Loren zum Herr'schen Klinkerwerk am westlichen Fuße des Rüterbergs transportiert und hier zu Klinkern verarbeitet.

Ein Sägewerk wurde in Betrieb genommen und ein Verladehafen an der Elbe errichtet. 1905 entstand eine zweite Ziegelei im Ortsteil Broda.

Rüterberg entwickelte sich zu einem Industriedorf, was den Einwohnern einen bescheidenen Wohlstand bescherte. Es gab eine eigene Dorfschule sowie ein Kaufhaus. Die Zahl der Einwohner war auf 320 angewachsen.

Die dunklen, hart gebrannten Rüterberger Klinker wurden auf der Elbe nach Hamburg verschifft. Sie sollen auch für den Bau des Chile-Hauses verwendet worden sein.

Das Klinkerwerk von Albert Herr mit Verladehafen an der Elbe

Das Chilehaus in Hamburg, ein zehnstöckiges Kontorhaus, wurde 1920 erbaut

Die Bergbaugeschichte Rüterbergs endete endgültig 1971. Aus Gründen der Grenzsicherheit wurde die Tongrube stillgelegt. Die Ziegelei in Broda, das Klinkerwerk in Rüterberg und das Sägewerk wurden dem Erdboden gleich gemacht.

터는 '마을공화국 1967-1989'로 변경되어 오늘날 모든 마을 표지판에 사용되고 있다.

뤼터베르크 '마을공화국'은 분단구조를 복합적으로 보여주는 좋은 견학 코스다. 강을 경계로 분단이 이뤄진 전형적인 모습이다. 청둥오리 가 헤엄치고 새소리가 청량하다. 분단 시기의 상황을 재현한 기념물이 엘베 강변에 세워졌고, 곁에는 마을 역사를 소개하는 표지판이, 우측 에는 생물권보전지역으로 보호되고 있다는 표지판이 서 있다.

마을공화국 지역이 독일 4개 연방주(니더작센, 메클렌부르크포어포메 른, 브란덴부르크, 작센안할트)가 만나는 곳으로, 과거 유럽에 '철의 장막' 이 드리워졌던 북쪽의 빙해(氷海)부터 남쪽 흑해(黑海)에 이르는 1만 2,500km 길이의 '유럽 그뤼네스 반트'의 한 부분이다. 희귀 동·식물의 고향이다.

통독 전 동독의 환경 문제는 정말 심각했다. 구동독의 환경오염상 태는 1990년 3월 동독 정부가 작성한 보고서를 보면, 수질의 경우 흐 르는 물의 3%, 고여 있는 물의 1%만이 온전한 상태였다. 공기의 경우 주민 1인당 아황산가스 배출량이 세계 1위를 차지했으며, 토지의 경우 40% 이상이 오염됐다. 쓰레기 매립장이 여기저기 흩어져 있었으며 갈 탄, 철, 우라늄 등 광물 채취장은 파헤쳐진 채로 내버려졌고, 군사주 둔지는 황폐한 상태였다.

서독 정부는 엘베 강변에 위치한 동독 킬톤비료공장의 환경 정화를 위해 동독과 협상을 벌였다. 정화비용을 놓고 서독은 원인자 부담, 동 독은 수혜자 부담으로 팽팽히 맞섰다. 결국 동서독 마르크화를 실제는 4:1이었으나 1:1로 부담하는 안을 놓고 양측이 대립하다 결론을 내지 못했다. 그 과정에서 동독은 환경오염 방지를 이유로 서독의 최신 비료 생산 공법을 전수해 달라고 요구했다. 동독이 협상에 응한 것은 환경보호가 아니라 서독의 칼륨비료 생산 기술을 입수하려 했던 것이다. 서독은 동독의 요구를 거절했다.

통독 후, 독일은 동독의 낡은 원전 처리가 발등의 불이었지만, 대기·수질·토양 등 동독의 총체적 환경오염도 문제였다. 동독 공업 지역의 산성비는 심각했고, 엘베 강 주변은 화학공장들의 오폐수로 오염된 상황이었다. 통독 과정에서 양측은 화폐 통합에 앞서 환경 문제부터 논의해야 했을 정도였다고 한다. 불행인지 다행인지 통일 뒤 낙후된 동독의 산업은 경쟁력을 잃고, 동독 지역의 화학비료 공장들이 문을 닫으면서 환경 문제는 사라졌다.

한편, 통일 후 2년간 연방정부는 식수 공급과 하수 처리, 대기 정화, 쓰레기 매립장 등 긴급한 환경시설을 구축하기 위해 약 12억 마르크를 투입했다. 결과론적으로, 통독 전 동독과 환경 문제 협의에서 타결을 보았더라면 12억 마르크보다는 훨씬 적은 비용으로 환경 치료를 했을 것이라는 이야기다.

09 결박당한 엘베 강의 접경감시선
쉬나켄부르크 접경박물관
Grenzlandmuseum Schnackenburg

쉬나켄부르크(Schnackenburg)는 서독 니더작센 주의 가장 작은 도시로 엘베 강을 사이에 두고 동독의 브란덴부르크 주를 마주 보는 접경항구다. 소규모 도시였지만 엘베 강을 오가는 선박들로부터 세금을 받아 그 수입으로 도시가 팽창했다. 1854년 세금 징수가 폐지되자 시의 경제는 점차 퇴보하기 시작했다.

쉬나켄부르크 접경박물관. Photo/오동룡

동독 접경수비대가 순찰용으로 사용한 접경감시선. Photo/오동룡

쉬나켄부르크가 다시 주목을 받게 된 것은 1945년 종전 후 냉전이 시작되면서부터이다. 분단 상황에서 엘베 강의 접경선 통제, 감시 및 안전을 위한 '세관선(稅關船)의 항구'가 된 것이다. 서독은 1965년 50척까지 선박이 정박할 수 있도록 항구를 증축·보강해 통일 전까지 가장 큰 세관선박지로 활용했다.

엘베 강 상류 쪽(남동쪽 방향)으로 항해하는 서독 선박이 동독 영토로 진입하기 직전 이 항구를 이용한다. 해마다 약 1만 2,000척의 배가 이곳을 지났다. 베를린에 물품을 공급하는 가장 중요한 수로(水路)였다. 동독이 영토 내 하천 통항을 엄격히 통제했기 때문에 서독 선박의 화물이 많은 경우, 쉬나켄부르크에서 하역해 배의 무게를 줄여야만 했다. 1968~1969년 겨울, 엘베 강이 오랫동안 얼어붙었을 때 쉬나켄부르크에는 무려 60척 이상의 배가 묶였다.

동독은 1972년부터 엘베 강둑에 약 3.2m 높이의 철조망, 자동 발사 장치, 경계탑과 감시탑 등의 접경통제시설을 설치했다. 쉬나켄부르크 항에서 극적인 탈출 사건이 발생한다. 동독 데싸우(Dessau) 출신의 한 부부가 1976년 12월 1일 자신들이 직접 건조한 잠수함으로 쉬나켄부르크 항으로 탈출하려다 안타깝게도 기상악화로 실패했다. 항구에는 동서독 분단 기간 이 지역에서 동독에서 서독으로 탈출하다 목숨을 잃은 사람들의 명복을 비는 기념판이 서 있다.

항구의 '어부의 집'을 활용해 1995년 문을 연 쉬나켄부르크 접경박물관은 이날 방문했을 때는 마침 월요일이라 휴관이었다. 아무튼 접경박물관은 이러한 역사와 바로 앞 엘베 강 지역에서 일어났던 동서독 간의 하천 분단 상황, 동독의 하천 통제 상황 등을 소개하고 있었다. 1998년부터 이곳에서 가르토브(Gartow)까지 10km 접경 체험로가 만들어져 동독의 접경시설물을 실물로 보여준다.

박물관 옆 엘베 강 둑에 전시된 동독이 실제 사용했던 해상감시선(grenzsicherungsboot)이 눈에 띈다. 제원을 보니, 접경감시선은 길이 9.75m, 폭 3.20m, 흘수 0.87m로, 두 개의 190마력 엔진으로 움직인다. G718'이란 글자가 선명한 이 배는 확성기와 탐조등 2개를 머리에 이고 있었다. 칠흑 같은 어둠의 바다에서 농독을 탈출하려는 동독 주민에게는 이 배는 분명 공포의 대상이었을 것이다. 통독 이후 육지에 올려 단단히 묶여 있는 이 배는 당시의 죗값을 치르는 느낌이다.

엘베 강의 수위를 측정하는 말뚝. 인도 위로도 상당부분 올라온 것으로 미뤄 엘베 강 범람시 이곳도 물에 잠기는 것으로 보인다. Photo/오동룡

쉬나켄부르크 엘베 강의 접경을 표시한 안내 지도. 점선 왼쪽이 서독이고 오른쪽이 동독이다. 아래 그림에는 동독이 1972년 엘베 강 둑에 약 3.2m 높이의 철조망, 자동 발사 장치, 감시탑 등 접경방어시설을 설치한 것을 보여주고 있다. Photo/오동룡

엘베 강을 오르내리는 보트. Photo/오동룡

　쉬나켄부르크 역시 그뤼네스 반트의 부분으로서 '엘베 강 천변 유네스코 생물권보전지역'에 속한다. 쉬나켄부르크는 마을공화국 뤼터베르크와 마찬가지로 독일 4개 연방주(니더작센, 메클렌부르크포어포메른, 브란덴부르크, 작센안할트)가 만나는 희귀 동식물의 고향으로 소개하고 있다. 분단 시기 엘베 강에서 거의 자취를 감추었던 수달이 현재 많이 서식하고 있다고 한다. 수달의 자취를 좇아 자전거로 생물권보전지역을 탐방하는 방법을 안내판에서 소개하고 있다.

10 돼지비계 박물관

슈빈마르크 쉬네가 접경박물관
Grenzlandmuseum Swinmark Schnega

한적한 시골길을 달려 조용한 마을에 들어섰다. 주택처럼 보이는 작은 건물이 서독 니더작센 주 슈빈마르크 쉬네가(Swinmark Schnega) 접경박물관이다. 슈빈마르크는 쉬바이네마르크(Schweinemark), 즉 돼지 비계란 뜻이다. 이 지역이 전통적으로 돼지 사육을 많이 해서 유래한 이름이다. 이곳 마을은 분단선으로부터 5km 거리에 있다.

슈빈마르크 쉬네가 접경박물관. Photo/오동룡

쉬네가 접경박물관은 사설박물관으로 연중 5월 1일부터 통독 당일인 10월 3일까지 주말 오후에만 문을 연다. Photo/오동룡

박물관 뒷벽엔 서독 연방접경수비대의 니더작센 주 주둔 도시들의 상징방패가 장식돼 있다. 왼쪽 끝으로 탈출자의 것으로 보이는 신발 한 켤레가 걸려있다. Photo/오동룡

박물관 뒷마당엔 인근 동독의 작센-안할트 주 접경 지역에서 동독 접경수비대가 사용했던 감시 초소와 장벽, 접경표식이 전시돼 있다. Photo/오동룡

슈빈마르크 쉬네가는 개인이 설립한 접경박물관이다. 설립자는 장벽이 무너지자마자 1989년 트랙터 창고로 쓰던 건물을 활용해 그동안 수집한 자료와 기념물로 전시장을 열었다고 한다. 재현된 동독 접경수비대 중대장의 근무실과 군용 차량도 보인다. 개인의 노력으로 세워진 분단의 기억이라고 생각하니 대단하다는 느낌이 들었다. 연중 5월 1일부터 10월 3일(통일 날)까지 주말 오후에만 문을 연다는 박물관 안내문이다.

박물관 뒤 벽면에는 뜻밖의 전시공간이 펼쳐있었다. 서독 연방접경수비대의 니더작센 주 주둔 도시들의 상징 방패가 장식되어 있다. 박물관 뒷마당에는 인근 동독 작센안할트 주와의 접경 지역에서 동독이 사용했던 감시 초소, 장벽, 접경표식이 전시돼 있었다. 낡은 신발 한 켤레가 벽에 걸려 있다. 신발 끈이 사라진 것이었다. 숱한 날들을 준비하고 준비해 탈출을 시도하던 그 신발, 저 신발은 탈출자를 서독으로 안내했을까?

11 유럽의 벌판
뵈크비츠 찌헤리 접경탐방로 박물관
Grenzlehrpfad und Museum Böckwitz-Zicherie

1989년 11월 18일 오전 6시, 서독의 니더작센 주 찌헤리(Zicherie)와 동독의 작센안할트 주 뵈크비츠(Böckwitz)를 가로막았던 분단의 장벽이 무너졌다. 1997년 이곳에 개장한 농장 박물관의 한 부분을 접경 관련 전시물로 채웠다. 야외 박물관인 뵈크비츠-찌헤리 접경탐방로 박물관은 분단 당시 두 마을로 쪼개진 상처의 현장을 남김없이 보여준다.

약 3.4km에 이르는 접경탐방로에는 막 씨를 뿌리기 위해 밭을 갈아놓은 것처럼 발자국 탐지 지대 및 지뢰 지대가 펼쳐져 있다. 이처럼 접경탐방로는 철조망과 철조망 장벽, 목책 장벽과 콘크리트 장벽, 콘크리트 감시탑, 순찰로, 발자국 탐지 지대 및 지뢰 지대 등이 원형 그대로 보존돼 있다.

특히, 이곳에 전시된 철조망은 시대별로 변화된 모습을 자세히 보여준다. 전쟁이 끝나자마자 동독은 도로를 차단했고, 1952년부터 접경선을 따라 폭 10m의 통제지대를 만들었다. 처음에는 3m 높이로 목책(木柵)을 세우더니 1956년에는 철조망 장벽으로 바뀌었다. 1961년에는 이중 철조망 장벽으로 하고, 그 사이에 지뢰 등 각종 장해물을 설치했다. 1968년에는 장벽에 자동 발사 장치 SM-70가 설치됐고, 1979년엔

독일사람들이 '유럽의 벌판'이라 부르는 뵈크비츠-
찌헤리 접경박물관. 이곳에 높이 15m의 'BT9'이라
는 명칭의 지휘감시탑이 있다. Photo/오동룡

콘크리트 장벽이 들어섰다.

특이하게도 이곳의 이름은 '유럽 벌판(Europawiese)'이다. 독일 사람들이 분단 접경 지역의 벌판을 '독일 벌판'이라 부르지 않은 것은 동서독 통일이 독일만의 축복이 아니라 유럽 전체의 축복이라는 의미를 담고자 했기 때문이다. 접경탐방로 박물관 안내도는 한때 죽음과 단절의 터였으나 이제는 그뤼네스 반트의 한 부분으로 통합과 화합의 지대로 탈바꿈한 이 지역의 자전거 탐방로를 소개하고 있었다.

'유럽의 벌판' 입구를 보초처럼 지키는 감시 벙커. Photo/오동룡

감시탑에는 'BT9'이라 적혀 있고, 내부 구조를 소개하고 있다. 탑의 높이는 약 15m이지만 실제 밖으로 드러난 높이가 9m이기 때문에 'BT9'이라 부른다. 동독은 1979년 5월에 세워진 콘크리트 감시탑을 1970년대 말에서 1980년대 초에 집중적으로 건설했다. 4층 구조로, 대지 면적은 약 $17m^2$, 공간 규모는 약 $204m^3$로, 일반용(2×2)보다 규모가 큰 지휘 감시탑이다. 사방을 감시할 수 있는 창문이 나 있고 통신시설을 갖췄다.

동독은 약 3.4km에 이르는 접경 탐방로에는 순찰로인 콜로넨베크 우측으로 발자국 탐지 및 지뢰를 매설했다. Photo/오동룡

1998년 8월 26일 한스 디트리히 겐셔 외무장관이 이곳에서 기념식수를 했다. 그 나무가 수령 30년으로 우뚝 서 있다. Photo/오동룡

통일 당시 서독의 외무부장관 한스 디트리히 겐셔(Hans Dietrich Genscher)가 1998년 8월 26일 이곳을 방문해 식수(植樹)한 나무가 감시탑 앞에 30년을 성장해 우뚝 서 있다. 독일 통일에서 서독 총리 헬무트 콜(Helmut Kohl)과 디트리히 겐셔 등 뛰어난 정치인을 확보했던 것도 독일에게는 행운이었다. 접경탐방로 입구에 무더기가 쌓였다. 돌무더기를 뒤져보니 콘크리트 장벽, 콘크리트 감시탑의 부서진 조각들이 잔뜩 쌓여있었다. 접경탐방로 작업을 하면서 공사 부산물로 나온 것들로, '분단의 잔해'다.

접경탐방로 입구에 접경탐방로를 정비하면서 나온 부산물인 콘크리트 장벽, 콘크리트 감시탑 조각들이 쌓여있었다. Photo/오동룡

12 접경선의 얼굴
헬름슈테트 접경박물관
Zonengrenzmuseum Helmstedt

서독 니더작센 주 헬름슈테트(Helimstedt)와 동독 작센안할트 주 마리엔보른(Marienborn)은 동서독 접경 지역에서 가장 크고 의미가 있는 접경통과 지역이다. 접경통과로가 가장 밀집한 지역으로 동서독을 오가는 7개의 철도 노선, 3개의 수로, 4개의 도로가 이곳에 위치하고 있었다.

영국군과 소련군이 대치하던 시기는 물론이고 동서독으로 분단된 초창기에도 노동자들은 양 지역을 오가며 일했다. 1952년 5월 26일 동독이 접경선을 막아버리자 노동자들은 일자리를 잃었고, 공장도 문을 닫아야 했다. 지역의 가장 큰 기업인 설탕공장도 운명을 다했다.

헬름슈테트의 갈탄 채굴산업도 쇠퇴했고, 동독 쪽에 속한 하릅케(Harbke) 석탄발전소는 더 이상 서쪽으로 전력을 공급하지 않았다. 동서독 간 석탄과 발전소 협력은 긴장 완화의 바람이 분 1970년대가 되어서야 재개됐다. 수많은 탈출 시도가 있었다. 1969년에는 하릅케발전소 기술자가 가족과 함께 석탄열차에 숨어 서독으로 넘어왔다.

1984년 문을 연 헬름슈테트 박물관은 1827년 건립한 프리드리히 요아킴 아히네만(Friedrich Joachim v. Heinemann) 지방법원 판사의 빌라다. 박물관은 이러한 분단과 접경 상황을 동독 접경 방비시설의 역

헬름슈테트 박물관. 1827년 건립한 프리드리히 아히네만 판사의 빌라를 개조해 1984년 문을 열었다. Photo/오동룡

사와 실태, 탈출, 경제와 교통, 장벽 붕괴, 접경예술(Grerickurist) 등 5
개 분야로 나눠 전시하고 있다. 그중에서도 특히 '접경선의 얼굴'(Das
Gesicht der Grenze)이라는 주제로 철조망, 경고표지판, 지뢰, 자동 발
사 장치, 지역 구성도 등 다양한 방어시설을 실물과 모형을 활용해 당
시 동독의 접경 지역 상황을 생생히 보여준다.

박물관 벽에는 포스터가 보인다. 동독 주민들이 '우리는 자유선거
를 요구한다(Wir fordern freie Wahlen)'라는 사진을 배경으로 2020년
2월 5일부터 5월 3일까지 "'평화적 혁명에서 독일 통일까지(Von der
Friedlichen Revolution zur deutschen Einheit)'를 주제로 특별전시를 열
다."라는 내용이다.

13 분단의 상징 동독의 접경통과검문소

마리엔보른 독일분단기념관
Gedenkstätte Deutsche Teilung Marienborn

마리엔보른(Marienborn) 접경통과검문소는 동독이 접경 지역에 설치했던 통과검문소 가운데 가장 규모가 컸던 곳이다. 따라서 이곳은 베를린 장벽 다음으로 독일의 분단을 상징하는 장소다.

연합군이 운영한 세 개의 체크포인트(검문소)는 영국군 점령지이자 서독 측 접경지인 헬름슈테트에 위치했고, 서독에서 동독을 거쳐 서베를린을 오가는 인력과 차량을 검문했던 체크포인트 알파(Checkpoint Alpha), 미군이 점령했던 서베를린 남부 지역에 위치했고 동독과 서베를린을 출입하는 인력과 차량을 검문했던 체크포인트 브라보(Checkpoint Bravo), 서베를린 시내에 위치해 동베를린으로 출입하는 인력과 차량을 검문했던 체크포인트 찰리(Checkpoint Charlie)가 있었다.

연합군들은 접경검문소에 대해 국제법적 주권(主權)을 가졌다. 헬름슈테트에 위치했던 체크포인트 알파는 별도의 건물로 지어졌고, 연합군의 통행이 보장됐다. 체크포인트 알파가 해체되기 직전까지 헬름슈테트 시내에는 3개국 군인들이 상주했다고 한다.

동독의 마리엔보른 접경통과검문소는 농독 접경을 사이에 두고 서독의 헬름슈테트와 마주보고 있다. 지리적으로 서베를린과 가까운 곳이며, 서독으로부터 서베를린으로 들어가는 화물차량들이 주로 드나

마리엔보른 접경통과검문소. 동독이 접경지대에 설치했던 가장 규모가 큰 검문소였다. Photo/오동룡

들었다. 동독으로 향하는 여행객뿐만 아니라 동독을 거쳐 폴란드, 헝가리 등 동구권으로 가려는 여행객들이 이용한 검문소이기도 했다. 1945년부터 1990년까지 서독의 2번 고속도로(A2)를 타고 서베를린으로 향하는 모든 차량은 이곳을 거쳐 갔다.

전쟁이 끝나고 마리엔보른에는 전승 4개국인 미·영·불·소가 공동으로 운영하는 통과검문소가 세워졌으나, 냉전이 시작되자 소련군 점령지인 마리엔보른과 영국군 점령지인 헬름슈테트 통과소로 분리됐다. 마리엔보른 검문소는 입구 푯말을 소련의 상징인 붉은 별, 망치, 낫으로 장식했다. 연합국은 헬름슈테트에 체크포인트 알파(Checkpoint Alpha)라는 이름의 통과소를 만들었다. 당시에는 이곳이 서독으로부터 소련이 점령했던 동독을 거쳐 서베를린으로 들어가는 유일한 통과지점이었다.

1950년 동독의 국경경찰이 소련군으로부터 마리엔보른 통과검문소의 통제를 넘겨받았고, 동독은 1952년 5km 범위의 차단 지역, 500m 범위의 보호지대를 설치했다. 초기 검문소는 목조 가건물 형태였으나, 서독과 서베를린 사이를 통행하는 인력과 차량이 증가하자 검문소 건물과 주차장을 증축해야만 했다.

동독은 1972~1974년 분단선에서 1.5km 떨어진 곳에 접경통과소를 만들었던 것이다. 신축공사를 하면서 서독 쪽에서 통과검문소를 볼 수 없도록 만들었고, 도로와 주차장도 넓은 부지에 마련했다. 서베를린을 오가는 서독의 승용차와 화물차가 주 이용객이었다. 고속도로 2호선 도로 위에는 육교형 감시다리, 콘크리트 감시탑도 있었다. A2 고

마리엔보른 접경통과검문소의 검사초소. 통과차
량들은 이곳에서 국가안보성 직원의 여권 심사를
받았다. 동독 여권심사소 직원은 블랙리스트에
오른 인물과 차량을 체크했다. Photo/오동룡

1989년 11월 헬름슈테트-마리엔보른 동서독 경계 검문소에 수천 대에 달하는 동독 트라비 자동차들이 서독으로 넘어가려고 줄지어 기다리고 있다. Photo/귄터 마흐

속도로를 타고 동독에서 서독으로 향하는 모든 승용차와 화물차는 감시 육교(Die Posten Brucke) 밑으로 지나야만 했다. 동독 감시원이 육교 위에서 차량 위에 탈주자가 있는지, 다른 이상은 없는지를 지켜보았다.

삼엄한 감시에도 불구하고 자유를 찾는 탈출 시도는 멈추지 않았고, 성공보다 실패가 많았다.

1988년 5월 11일 14시 15분에 마리엔보른 통과검문소를 서독의 승용차에 숨어 탈주하려던 2명의 동독 주민을 적발한 사건에 대해 당일 현지 국경수비대가 작성한 경위보고서도 보인다. 체포 사진 및 압수된

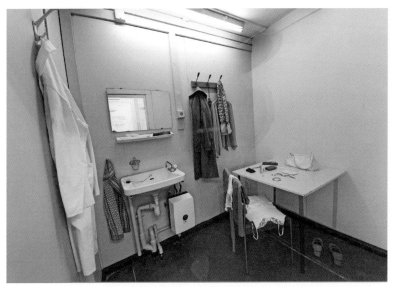

여행객들은 가방검사와 차량검사를 받았다. 혐의자의 경우는 무조건 내려서 알몸수색을 받았다. 사진은 여성들이 몸수색을 받은 곳. 여성의 속옷과 소지품이 보인다. Photo/오동룡

여권이다.

마리엔보른 접경통과검문소에는 1,000명 이상의 국경수비대, 국가안보성 슈타지, 관세청, 동독은행과 민간인 자원자들이 차량, 화물, 여행자를 물샐틈없이 검문했다. 여권심사소, 통제소, 차량수색실, 신체검사실, 세관, 식당, 은행, 초소, 발전소, 요원 숙소 등이 있었다. 여행객들은 자신의 가방을 엑스레이 검사에 맡겨야 했고, 차량은 전용공간에서 밑바닥까지 샅샅이 훑는 검사를 받았나. 세관원의 질문에는 "있다." "없다."로만 대답해야 했다. 'YA(그렇다)'인 경우, 다시 말해 혐의자인 경우는 무조건 데려가서 알몸 수색을 했다.

여권 심사는 동독의 국가안보성 요원이 전담했다. 동독이 명단에 기록한 특정 용의자 혹은 차량과 대조하는 것이 주 임무였다. 동독 세관에서의 근무는 동독 인민군이 선호하는 일자리였다. '영광의 근무'라 불리는 세관원이 되기 위해 정치적 충성도와 서독 체제에 대한 확고한 적대의식이 정립되어 있어야 했다. 세관원에게는 평균 이상의 보수는 물론이고 주택 배정에서도 혜택이 주어졌다.

여성들의 경우에도 별도의 검사실에서 옷을 벗어야만 했다. 귀걸이며 목걸이 등 액세서리는 물론, 속옷까지 모두 탈의한 채 몸수색을 받았다. 영화 〈베를린 장벽〉에서는 한 여성이 동독 접경검문소를 통과하면서 나체검사를 받는 장면이 나온다. 동독을 방문하는 모든 여행자는 의무적으로 동독 체류 1일당 약 25 서독 마르크(DM)를 동독 마르크(M)로 환전해야 했다. 1964년 12월 1일부터 실시한 이른바 '최소 환전'(Mindiestsumtausch) 규정이다.

서독의 DM(Deutsche Mark)와 동독의 M(Mark) 간 공식 환율이 1 대 4였는데도, 동독은 1 대 1의 비율로 바꾸도록 했다. 서독 25DM를 동독 100M로 바꾸어줘야 하는데, 25M만 줌으로써 동독은 75M를 통행세로 징수한 거나 다름없었다. 여기에 더해 도로사용료도 지불해야만 했다. 이를 위해 통과검문소에는 동독국립은행출장소도 상주하고 있었다. 당시 출장소의 수입은 동독이 외환(外換)을 획득하는 데 아주 중요한 역할을 했고, 동독은 획득한 서독 DM를 서방으로부터 상품을 수입하는 데 썼다.

동독은 또한 서독인이 M를 가진 채 서독으로 돌아가는 것을 허용치

세관원의 가장 중요한 임무는 탈주를 막는 것이다. 차량들은 별도의 검시장소에서 엔진후드와 트렁크 검사를 받았다. 전면에 트렁크에 숨어 탈출하려던 동독주민이 체포된 사진이 보인다. Photo/오동룡

않았고, 환전된 M를 동독 내에서 모두 사용하도록 유도했다. 서독인이 동독에서, 특히 동독의 변두리인 접경 지역에서 M로 환전한 금액을 소비하기란 쉽지 않아 책, 노트, 음반 등을 사거나 식당을 찾았다.

동독은 '고속도로 휴게소 사업'을 한 것이다. 친인척 상봉을 위해 규정된 돈 이상으로 숨겨서 들어가다가 검문소 초병(哨兵)에게 빼앗겼다. 동독인들 중에서는 교수, 공무원 등 고위급 인사들만 서독을 방문할 수 있었다. 북한이 인민보안성, 외무성 직원들을 해외에 파견할 때 국내에 가족을 '볼모'로 하는 것은 동독에게서 배운 것이다.

동독에서 파인애플이나 바나나 등 열대과일을 먹는다는 것은 대단히 사치스럽고 특별한 일이었다. 외환 부족으로 동독이 열대과일, 커피 등을 수입하는 데 어려움을 겪었기 때문이다. 동독 친지를 방문하는 서독인 혹은 서독을 방문하고 돌아가는 동독인들에게 열대과일이나 서독 소시지는 큰 선물이었다.

동독 세관원의 가장 중요한 임무는 동독인의 서독 행 탈주를 막는 일이었다. 차량 운전자는 검사 시에 엔진 후드와 트렁크를 열고, 뒷좌석도 앞으로 제쳐 놓아야 했다. 그런 상태에서도 탈주를 방지하기 위해 동독 세관은 승용차 점검 시 눈여겨 검사해야 할 부분을 포스터로 만들어 벽에 붙여놓았다. 승용차의 연료통에 긴 쇠줄을 넣어 연료통을 작게 만들고 그 공간에 숨을 자리를 만들었는지를 검사했다. 의심스러울 경우, 실내검사실로 차를 이동시켜 차 밑을 점검하거나, 군견(軍犬)을 투입했다.

1985~1989년 동안에만 346만 명의 사람들이 이곳 마리엔보른 접

마리엔보른 검문소의 감시 초소와 차량 차단시설. Photo/오동룡

경통과검문소를 거쳐 갔다. 장벽이 개방됨에 따라 모든 여행객은 A2번 고속도로를 논스톱으로 통과했다. 접경통과검문소는 1990년 7월 1일 동서독 '화폐·경제·사회통합협정'이 발효되자 개통 후 정확히 45년 만에 폐쇄됐다. 건물은 한동안 방치되다가 1996년 8월 13일 현재의 기념소로 새로 오픈했다. 감시탑 앞에 설치됐던 통제소는 완전히 철거되고 빈터만 남았다. 8차선으로 확장된 아우토반 고속도로 위로 통일 전 제한속도 30km를 알리던 차들이 이제는 속도 제한 없이 씽씽 달렸다.

14 감시다리로 유명한 접경정거장

마리엔보른 기차역
Bahnhof Marienborn

동쪽 접경역이었던 마리엔보른(Marienborn) 역의 상징은 철로 위를 가로지르는 육교, 일명 감시다리였다. 마리엔보른 역을 대표하는 사진은 1990년 8월 26일 촬영된 것으로 동독의 132033호 기차가 달리는 모습이다. 30년이란 세월이 흐른 지금, 감시다리 위에서 오가는 기차와 정거장을 눈을 부릅뜨고 감시했던 초병은 사라졌다. 최신 전철이

마리엔보른 역. 역사(驛舍)라기보다 주택 같은 느낌이다. Photo/오동룡

마리엔보른 역은 흉가처럼 문짝이 떨어져 나가고 벽돌은 허물어지고 있었지만, 그 앞 철길로 서독 브라운슈바이크행 기차가 변함없이 달린다. Photo/오동룡

다니는 역사엔 1번 홈 동독 지역 마그데부르크 행, 2번 홈 서독 지역 헬름슈테트 행을 알리는 표지판이 접경정거장이었음을 말해주고 있을 뿐이다.

서독 브라운슈바이크(Braunschweig)와 동독 마그데부르크(Magdeburg) 철도선은 동서독 철도 통행에 있어 승객과 화물 모두 중요한 기차역이었다. 이 선로를 오가는 모든 기차는 동독과 서독의 양쪽 역에서 정차해야만 했다. 단, 기차의 기관차 교환은 서독 쪽 헬름슈테트 역에서 했다. 동독으로 가는 서독 기차는 헬름슈테트 역에서 동독의 기관차가 끌었고, 동독에서 서독으로 오는 기차 역시 헬름슈테트 역에서 서독의 기관차가 끌게 했다.

서독은 국철명으로 '독일연방철도(Deutsche Bundiesbahn)', 즉 DB를 사용했으나, 동독은 독일의 바이마르공화국 시절인 1920년부터 사용했던 국철명인 독일제국철도(Deutsche Reichsbahn), 즉 'DR'을 계속 사용했다. 통일 후 국철명은 서독 명칭대로 DB로 통일됐다.

이 노선을 거쳐 서독과 베를린을 오가는 연합군 열차 역시 접경검문소를 통과했다. 하루에도 몇 차례에 걸쳐 군용열차가 왕래할 만큼 운행이 많았다. 열차에는 군인뿐만 아니라 중화기(차량, 전차 등)도 운반했다. 이러한 연합국 군용열차의 검문은 마리엔보른에 위치한 소련군이 처리했다.

멀리서 기적소리가 희미하게 들려왔다. 마리엔보른 역은 이제 더 이상 사용하지 않는 역이 되었지만, 여전히 기차는 쉼 없이 달려가고 또 길을 이어간다. 역 사무실 입구에 붙어 있는 안내문에 '시간표 정보 및 티켓 구매는 DB 티켓머신을 이용해 달라'는 메시지가 적혀 있었다. 출구(Ausgang) 팻말이 있는 곳에 마리엔보른 역 사무실이 있었다. 열차 신호체계를 살펴보던 50대 중반의 역무원이 역의 유래를 말해준다. 서독 지역 브라운슈바이크로 가는 빨간색 열차가 순식간에 과거의 국경선을 미끄러지듯 지나가 버린다. 분단국 국민으로서 그저 부러울 뿐이다.

15 가장 완벽하게 보존된 접경방어시설
회텐스레벤 접경기념물
Grenzdenkmal Hötensleben

서독 니더작센 주 쇠닝겐(Schöningen)을 마주 보는 동독 작센안할 트 주 접경지 회텐스레벤(Hötensleben)은 마리엔보른 기차역에서 약 16km 떨어져 있다. 2차선 도로 바로 옆에 있는 회텐스레벤의 감시탑 은 석양(夕陽)을 받아 한 폭의 망루(望樓) 사진처럼 보였다. 이곳은 지 금껏 가장 잘 보존된 동독 접경방어시설로 유명한 곳이다. 동독이 분

회텐스레벤의 지휘감시탑과 이정표. Photo/오동룡

Ein Volkspolizist kontrolliert einen Pkw an einer
der Zufahrten zum Grenzsperrgebiet.
A People's Policeman checking a car on an access
road into the restricted area of the border.
GDT Marienborn, 1980er Jahre

Blick von Schöningen in der Bundesrepublik auf
die gesperrte Brücke über den Grenzbach Aue.
Im Hintergrund die Grenzanlagen und Häuser in
Hötensleben in der DDR.

View from Schöningen in West Germany to the
closed bridge over the Aue border creek. Border
fortifications and buildings in Hötensleben in the
GDR are visible in the background.
GDT Marienborn, 1970er Jahre

동독 국경수비대가 통과차량을 검문하는 모습. 분단 시기 서독 쇠닝겐에서 바라본 장벽 오른
쪽 동독 마을은 그때나 지금이나 풍광이 똑같다. Photo/오동룡

정상 부분의 지휘감시탑. 독일 국경수비대원 30명이
3교대로 8시간씩 보초를 섰다. Photo/오동룡

대전차방어물. 오른쪽 담장 너머가 서독 지역이다. Photo/오동룡

단선에 설정한 500m 보호지대 안에 위치한 곳으로, 동독은 1970년대 중반에 두 개의 장벽을 세웠다. 서독으로의 탈출 방지용과 주민들의 시야 차단용이었다.

장벽이 열리자마자 설립을 구상하고 1993년 문을 연 회텐스레벤 접경기념물은 1985년 당시의 상황을 생생하게 보여준다. 3월 초의 우중충한 독일 날씨로 풀밭은 물이 질척거려 양말이 흥건하게 젖었다. 접경기념물들은 350m 길이의 장벽, 강철로 만든 내전자 강에물, 철조망, 지뢰밭, 콘크리트 감시탑, 경고판 등의 모든 시설이 가장 훌륭한 상태로 원형 그대로 6.5ha의 부지에 보존돼 있다.

독특한 형태의 감시 초소. Photo/오동룡

멀리 보이는 곳이 서독 마을이다. 다리 아래의 조그만 하천은 과거 분단선이었다. 1989년 11월 19일 오전 7시50분까지 독일과 유럽이 분단됐던 곳이라는 표지판이 보인다. Photo/오동룡

다리 아래 조그만 하천이 분단선이었다. 동서독의 분단선이었던 하천이 뛰어넘을 수 있는 거리였다니! 1989년 11월 19일 오전 7시 50분까지 독일과 유럽이 분단된 곳이라는 표지판이 보였다. 다리 왼쪽에 서독 니더작센 주의 표지판이 보이고, 다리 오른쪽이 동독 회텐스레벤이다. 갈대밭 사이로 동독 국경 표식 지주(支柱)가 보였다.

X자 모양의 대전차 장애물은 쇳덩이 무게만큼이나 마음을 무겁게 짓누른다. 당시 모습 그대로 보존해 분단 교육장으로 활용하고 있다. 콜로넨베크는 도로를 달리다 보면 흔하게 볼 수 있는 시멘트 구조물이다. 콜로넨베크는 가로 7개, 세로 4개로 총 28개의 구멍이 뚫린 동독

국경수비대의 차량 순찰로다. 수십 년이 지났지만, 엊그제 매설한 것처럼 견고하게 박혀 관광객들에게 접경방어시설을 알리는 이정표가 되고 있다.

16 그뤼네스 반트에서 가장 높은 지역
브로켄 산
Der Brocken

동서독 접경지 순례의 하이라이트는 브로켄 산의 증기열차를 타는 것이다. 스키도시 브라운라게(Braunge)에 있는 호텔 란트하우스 도브릭(Landhaus Dobrick)에 묵으며 오랜만에 그리스 요리점 아크로폴리스(Restaurant Akropolis)에서 저녁을 먹었다. 아침에 눈을 뜨니 스키장 마을답게 폭설이 쏟아지고 있었다.

해발 1142m에 위치한 브로켄 산. 바르샤바조약 군대의 최전방 군사기지였다.
Photo/Wikimedia Commons

하인리히 하이네 웨이에서 바라본 브로켄 산 전망. 안개 때문에 '마녀전설'까지 생겨났다. 태양빛과 절묘하게 무지개 빛을 띠는 현상을 '브로켄 현상'이라고 한다.

Photo/Wikimedia Commons

하르츠 지역의 최고봉인 브로켄 산(Brocken·1142m)은 동서독 접경 지역, 그뤼네스 반트 1,400km 중에서 가장 높은 곳이다. 제2차 대전 이후 동독이 속한 바르샤바조약(WTO) 군대의 최전방 군사기지였으며, 특히 통신 감청 시설이 설치된 곳이었다. 레이더를 포함해 주요 군사 시설은 소련군과 동독 비밀경찰 슈타지가 운영했다. 1994년 3월 30일 소련군의 마지막 병력이 이곳에서 철수했다.

1994년 작센안할트 주가 군사기지를 매입했고, 2000년 상하르츠 (Hochharz) 국립공원의 중심지로 문을 열자 수많은 관광객이 이곳을

브로켄 산에 오르는 지름길 역인 쉬르케 역. 때마침 내린 폭설로 증기열차 운행이 중단됐다.

Photo/오동룡

찾기 시작했다. 특히 '브로켄의 유령(Brockengespenst)' 전설까지 동원해 스토리를 만들어 마녀축제를 열고 있다. 마녀전설은 브로켄에 1년 중 300일 정도 안개가 끼는 기후 특성으로 '있을 법한' 전설로 생겨났다고 한다.

1952년 동독이 이곳에 차단 지역을 설치하면서 서독인이 갈 수 없는 곳이 되었고, 1961년 베를린 장벽 설치를 계기로 동독 주민들도 접근할 수 없는 산이 됐다. 장벽이 허물어진 이후 4,000번 이상 브로켄 산에 올라 기네스북에 이름을 올린 한 등산가가 주동이 되어 "브로켄은 다시 자유다!"(Brocken Wieder Freil)란 글귀를 새긴 비석이 1994년 장벽 붕괴 5주년을 맞아 세워졌다.

브로켄 산 정상까지는 증기기관차가 운행된다. 협궤열차로 베니게로데(Wenigerode)에서 출발해 이곳까지 약 2시간 30분 정도 걸린다. 시간을 절약하려면 작센안할트 주의 쉬르케(Schierke)에서 기차를 타면 30분 만에 브로켄 산에 도달하는 지름길이 있다. 그뤼네스 반트 지역에 증기기관차를 운행하는 것은 생태파괴를 의미하는 것이 아니라는 생각이 들었다. 증기기관차로 환경을 보호해 가며 관광객들이 자연보호지역을 둘러보는 것 못지않게 이곳에 찾아가는 과정도 스토리를 만들면 좋을 것 같았다. 브로켄 산에 도착하면 기차 회사에서 기념품으로 작은 특산물 소주나 맥주를 준다고 한다.

우리나라도 브로켄 산과 같은 '스토리'를 갖춘 곳이 여럿 있다. 그 중 하나가 강원도 화천군 백암산(百巖山·해발 1170m) 칠성전망대다. 브로켄 산보다 30m 더 높다. 이곳은 남과 북이 대치하고 있는 긴장의

브로켄 산 정상까지 운행하는 증기기관차 브로켄 레일웨이. Photo/Wikimedia Commons

비무장지대(DMZ)를 한눈에 내려다볼 수 있는 곳이다. 칠성전망대 일대는 6·25 때 백암산 전투와 4·25고지 전투가 벌어졌다.

작사가 한명희(韓明熙) 전 국악원장은 1962년 ROTC 2기로 백암산 지역에서 근무하다 구멍 난 철모, 버려진 카빈 소총, 그리고 돌무덤을 발견하고 '초연이 쓸고 간 깊은 계곡 깊은 계곡 양지녘에…'로 시작하는 가곡 '비목(碑木)'을 작시했다. 칠성전망대에서 내려오면 평화의 댐으로 달린다. 평화의 댐 한쪽에는 '세계 평화의 종'이 세워져 있다. 현재 백암산은 '백암산 평화생태특구 조성사업'이 진행되고 있으며 삭도(케이블카) 설치 공사를 하고 있다고 한다.

2009년 12월 3일 브로켄 산의 장벽이 무너진 20주년이 된 날에도 특별한 행사가 정상에서 열렸다. "동독에서의 평화적 혁명이 일어나 브로켄 산 정상을 군사 차단 지역으로 만들었던 장벽이 1989년 12월 3일 12시 45분경에 열렸다."라고 적은 기념판이 세워졌다.

쉬르케 역에 도착해 오전 10시36분 기차를 타려고 기다렸으나 역무원은 폭설로 쉬르케 역 전차 운행은 중단했다고 전했다. 기찻길 레일은 눈 속에 속절없이 파묻히고 있었다. 함께 브로켄 산행 열차를 기다리던 미국 생물학 교수 부부도 아쉬운 발길을 돌려야 했다.

브로켄 산 정상에는 군 시설을 개조해 전시장으로 만든 '브로켄의 집'이 있다. 브로켄의 집 2층에는 브로켄 원시림에 서식하는 동식물을 소개한다. 3층에는 여기에서 운영했던 기상관측과 라디오 및 TV 중계 시설물이, 그리고 4층 둥근 지붕에는 소련이 사용하던 감청장비가 원래 모습 그대로 전시돼 있다.

17 마을 내 옛 정거장

조르게 접경박물관
SORGE Grenzmuseum

조르게(Sorge) 접경박물관은 조르게 야외접경박물관(Freiland-Grenzmuseum Sorge)을 운영하는 조르게 박물관협회(Verein Grenzmueseum Sorge e.V.)가 만들었다. 2009년 가을, 베를린 장벽 붕괴 20주년을 기념해 조르게 마을에 있던 옛 정거장 역사(驛舍)를 개조했다. 당시 접경 지역 상황을 모델로 만들어 전시하고, 동독 국경수비

조르게 역사를 개조해 만든 조르게 접경박물관. Photo/오동룡

조르게역은 브로켄 산행 증기기관차 정거장이다. 쉬르케를 통과하면 바로 브로켄 산이다.
Photo/오동룡

대와 접경 주민의 일상을 소개하고 있다. 매년 5월 1일부터 10월 31일까지 운영한다.

부슬비가 내리는 조르게 접경박물관 플랫폼에 서 있으니 노르웨이의 송네 피오르드(길이 204㎞, 최고 수심 1,308m)로 가기 위해 플롬 산악열차를 기다리던 뮈르달 고원의 그 기차역과 너무 꼭 같다.

인구 200여 명의 휴양지 조르게는 최초엔 미군이 점령했다가 다시 소련점령지로 넘어갔다. 동서독으로 분단이 된 후 동독이 500m 보호지대를 설정하자 그 안에 포함된 접경마을 조르게는 출입이 통제되고, 10가구는 이른바 '독충 계획'에 의해 강제 이주 당했다. 분단 기간

조르게역에 정차한 간이열차. Photo/오동룡

에는 허가증을 받은 극소수만이 이 휴양지를 찾을 수 있었다. 조르게
는 브로켄 산으로 가는 증기기관차의 정거장이다. 여기서 쉬르케를
거치면 30분 만에 브로켄 산에 도착한다.

18 기억의 원
조르게 야외접경박물관
Freiland-Grenzmuseum Sorge

그뤼네스 반트 내에 위치한 조르게 야외접경박물관(Freiland-Grenzmuseum Sorge)은 자연 그대로의 상태를 보전하면서 벌목 등을 통해 자연의 생명력을 보호하고 있다. 그러면서 분단 시기 독일을 절대로 잊어서는 안 된다는 교훈을 후대에 주기 위해 조성했다. 당시 접경 지역에 설치한 주요 방어시설물들을 원형대로 보존하고 있다.

조르게 야외접경박물관 입구. Photo/오동룡

견고한 감시 벙커와 하수도 차단시
설. Photo/오동룡

콘크리트 감시탑. 중앙으로 콜로넨베크가 지나고 있다. Photo/오동룡

조르게 야외박물관 입구 철조망 장벽을 통과하면 '기억의 원(Ring der Erimerung)'까지 족히 3km는 걸어야 한다. 차량이 들어갈 수 없는 곳, 사방엔 벌목한 나무들이 누워있었고, 새 묘목들이 심겨 있었다.

철조망 장벽 입구엔 수로(水路)에 설치됐던, 연탄처럼 생긴 둥근 하수도 차단시설이 있었다. 2020년 7월 20대 탈북민 김 모 씨가 강화도 북쪽 지역 철책 아래 배수로를 통해 북한으로 넘어간 사실이 있다. 동독 군은 50년 전에 이러한 것을 막기 위한 장치를 고안해 낸 것이다. 동독 군의 조립식 벙커는 전차포 공격에도 끄떡없어 보일 정도로 견고해 보인다.

박물관 겸 공원인 이곳은 숲 사이로 난 콜로넨베크를 끝없이 걸으

'기억의 원'을 1993년 설계한 작가 헤르만 프리간이 '기억의 원' 내 9개의 콘크리트 철조망장벽 지주에 서 있다. 아래는 그의 기념비석. Photo/GRÜNES BAND 홈페이지

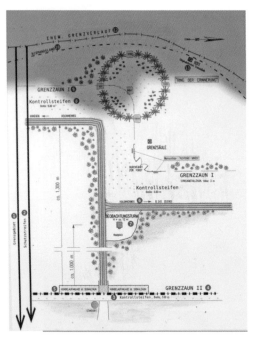

'기억의 원(Ring der Erinnerung)' 구성도.
Photo/GRÜNES BAND 홈페이지

면서 당시 분단 상황을 보여주는 다양한 시설물을 볼 수 있다는 게 특징이다. 하늘을 향해 높이 뻗은 울창한 나무숲 속에 끝이 보이지 않게 이어진 콜로넨베크는 서로 평행선을 달리고 있었다. 비는 추적거리고 신발은 물에 젖어 질컥거리는데, 정말 한도 끝도 없이 걸었다.

마침내 콘크리트로 된 감시탑이 모습을 드러냈다. 감시탑은 일반형(폭 2×2)과 지휘형(폭 4×4)이 있다. 조르게 지역의 접경선 13km에 걸쳐 4개의 일반 감시탑과 1개의 지휘 감시탑을 설치했었다.

감시탑 옆으로 '기억의 원'이라는 작품을 만난다. 기억의 원은 통일을 상징하는 한편, 환경파괴를 경고한다. 죽음의 분단선이 통합과 화합의 그뤼네스 반트로 바뀐 것을 상징하는 작품이다. 1993년 헤르만 프리간(Hermann Prigann)이 조성한 이 작품은 지름이 약 70m에 이른다.

원의 중간을 분단선이 통과하고 있다. 인간에 의해 훼손된 접경 지역의 생태적 문제 그리고 두 독일의 통일을 통한 통합, 두 가지를 미학

'기억의 원'은 동서남북으로 AER(공기)·AQUA(물)·FLORA(식물)·FAUNA(동물) 등 4개의 입구를 만들고, 원의 중앙에는 흙(TERRA)을 배치했다. 사진은 FAUNA가 새겨진 문의 입구다.
Photo/오동룡

적으로 상징화한 것이 '기억의 원'이다. 주변의 죽은 나무들로 원형의 담을 쌓았다. 시간이 흐르면 죽은 나무들은 다시 흙으로 돌아간다. 그 사이 죽은 나무들 속에는 벌레 등 각종 생명체들이 그곳에서 삶의 공간을 꾸려간다. 쇠락(Verfall)과 성장(Wachstum)의 메타포(은유)다.

'기억의 원'에는 동서남북 방향으로 4개의 입구를 만들고, 표지석을 땅에 박아두었다. 표지석에는 각각 공기(AER), 물(AQUA), 동물(FAUNA)과 식물(FLORA)을 새겼다. 원의 중앙에는 흙(TERRA)의 표지

석이 있다. 존재하는 모든 것들이 생태적으로 연결되어 공생(共生)한다
는 의미다. 또한 '기억의 원' 안에는 분단 시기 접경 철조망의 지주로
사용했던 9개의 철근콘크리트 기둥을 그대로 두었다. 생태적 공생(共
生)을 무시하고, 길고 아프게 실재했던 독일의 분단을 기억하기 위해
서라고 한다.

19 접경박물관을 둘러싼 온천 휴양지
밭 작사 테텐보른 접경박물관
Grenzlandmuseum Bad Sachsa Tettenborn

서독 니더작센 주 '밭 작사 테텐보른(Bad Sachsa Tettenborn) 접경박물관'은 온천 휴양지에 위치하고 있었다. 그 자체로 예쁜 정원이다. 나무와 꽃과 집들이 어우러지는 작은 마을 속 박물관이다. 밭 작사는 소련군이 점령하다 영토 교환을 통해 영국군 점령지가 된 마을이다. 서독 니더작센 주와 동독 튀링겐 주 사이의 접경마을로 뉘헤이(Nixei)를 거쳐 동독 마켄로데(Mackenrode)로 가거나, 발켄리드(Walkenried)를 거쳐 동독 엘리히(Ellrich)로 갈 수 있다.

1992년 11월 12일 밭 작사의 한 지역인 테텐보른이라는 마을에 자그마한 접경박물관이 문을 열었다. 마침 그날은 분단선이 열린 지 만 3년이 되던 날이었다. 베를린 장벽이 붕괴된 11월 9일로부터 사흘이 지난 11월 12일에 이곳 접경선이 열렸다.

1945년부터 남하르츠(Sudharz) 지역의 접경 지역이 어떻게 발전해 왔는가를 보여주는 실제적 자료들을 소장하고 있다. 동독이 수여했던 다양한 훈장(勳章)과 견장(肩章)을 소장하고 있으며, 탈출을 시도했던 기록물, 특히 동독에서 열기구를 통해 탈출을 시도했던 자료를 보관하고 있다.

1989년 8월 동독의 한 부부가 침대보를 이어 만든 열기구로 서독

1945년부터 남하르츠 지역의 동서독 분단 상황이 어떻게 진행됐는지를 보여주는 자료가 많다. 박물관 출입문에 '1945년 전쟁 말기의 남하르츠'라는 주제의 세미나를 알리는 포스터가 붙어 있다. Photo/오동룡

시골길을 달리다 우연히 만난 감시탑. 개인 소유의 감시탑이다. Photo/오동룡

접경야외박물관에서 보도블록처럼 흔하게 만나는 순찰로 콜로넨베크. 평소 땅속에 깊숙이 박혀 형태를 몰랐다가 땅 위로 불쑥 솟은 콜로넨베크를 만났다. 두께가 15cm에 가까웠다.
Photo/오동룡

행 탈출을 시도했다. 1978년 두 가정이 열기구로 탈출에 성공한 적이 있어 그들은 탈출을 낙관했다. 그러나 부부는 탈출에 실패했다. 석 달이 지난 11월에 장벽이 무너졌고, 그제야 감옥에서 나올 수 있었다. 그토록 군건했던 접경 장벽이 어처구니없게 붕괴될 줄을 그들도 몰랐을 것이다. 초등학생 둘이 벤치에 앉아 피자와 감자튀김을 먹으면서 한국의 10대들처럼 낄낄거렸다. 조그만 연못가 옆에 정원으로 꾸며진 아름다운 마을에도 분단의 상처들이 곳곳에 있었다.

한적한 시골 마을을 벗어나 차를 달리는데, 길가에 '구멍가게' 규모의 접경방비시설물이 눈에 띄었다. 차에서 내려 잠시 들렀다. 자그마한 감시탑 하나, 접경선을 따라가다 보면 이러한 다양한 규모의 야외전시장을 흔히 본다. 크고 작은 외형의 차이도 있지만, 색다른 흔적들을 만날 수 있다.

이곳에서 콜로넨베크의 '속살'을 들여다 본 것이 큰 수확이다. 통상 콜로넨베크는 땅에 견고하게 박혀 지상으로 드러난 것이 거의 없다. 지상으로 불쑥 튀어나와 있는 이놈의 두께를 가늠해 보고 싶었다. 휴대전화를 콜로넨베크 세로부분에 대어보니 실제는 15cm나 되었다. 수십 년 동안 순찰차량이 지나다녀도 흠집 하나 없이 견고할 수 있는 이유를 알겠다.

콘크리트 감시탑 벽면에는 탑이 사유물(私有物)이라며 소유자의 이름, 주소, 일반전화와 휴대전화 번호를 적어놓았다. 관람을 원하면 언제든 연락을 달라는 거다. 사유화가 되었어도 원형을 잘 보존하고 있는 그들의 의식수준이 놀랍다.

20 물도 분단되다!

에커 계곡 댐
Eckertalsperre

에커 계곡 댐(Eckertalsperre)은 1939~1943년 사이에 중부 독일 하르츠(Harz) 지역의 서독 측 볼프스부르크(Wolfsburg)와 동독 측 브라운슈바이크(Braunschweig) 사이의 계곡에 세워졌다. 높이 60m로 수백 만 톤의 저수량을 자랑하는 이 댐은 서독 볼프스부르크 시민들의 식수는 물론이고, 국민차인 폴크스바겐(Volkswagen)의 생산을 위한 공업용수로 사용됐다.

1961년 동서독 간에 국경이 차단되면서 에커 계곡 댐도 분단을 맞았다. 동독 국경수비대는 댐 벽에 장벽과 철조망을 설치했고, 서독은 에커 계곡 댐 시설의 약 3분의 2 정도만 접근할 수 있었다. 물도 '자본주의 물'과 '사회주의 물'로 분리될 처지에 놓였다. 특히 4.4km가 넘는 동독 측에 위치한 송수관(送水管)을 통해 동독 측의 물이 서독 측으로 공급되던 상황에서 국경이 닫히게 되면서 동독 측은 언제든지 송수관을 잠글 수 있었다.

그럼에도 불구하고 동서독은 협상을 통해 분단기간 동안 단 한 번도 물 공급이 단절되는 상황이 발생하지 않도록 했다. 서독이 동독에게 물 공급에 따른 대가를 지불한 것이 분명해 보인다. 1972년 동서독 '기본조약'에서 양국은 국경과 관련된 수자원 관리 문제를 규제하

서독 측 볼프스부르크와 동독 측 브라운슈바이크 사이에 세워진 댐. 1961년 동서독 간 국경이 차단되면서 에커 계곡 댐의 물도 졸지에 분단을 맞았다.

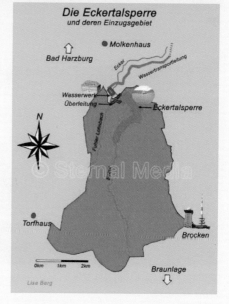

에커 계곡 댐 정상에 있는 동독 국경 표지석. Photo/Wikimedia Commons

에커 계곡 댐 상류에서 바라본 장면. Photo/Wikimedia Commons

는 임무를 맡은 '국경위원회'를 설립했고, 기나긴 협상 끝에 1978 년 동서독 간에 계약이 체결됐다. 서독 측 하르츠 상수도는 에커 계곡 댐과 에커페른(Eckerfern) 상수도관을 유지할 수 있었다.

21 감시탑으로 활용한 수도원의 방앗간
아히스펠트 타이스퉁겐 접경박물관
Grenzlandmuseum Eichsfeld Teistungen

아히스펠트(Eichsfeld)는 전쟁이 끝나자마자 분단됐다. 작은 부분은 영국군, 큰 부분을 소련군이 차지했다. 1949년 동서독이 각각 건국하면서 교류는 어려워지고, 1952년과 1961년 동독의 통제조치로 끊어졌다.

1972년 동서독 기본조약 체결 이후 이 두 지역 간에 소규모지만 상호왕래가 가능해지면서 동독은 튀링겐 주 아히스펠트의 접경지 타이스퉁겐(Teistungen)에 새로운 접경통과검문소를 세웠다. 서독의 니더작센 주 두더슈타트(Duderstadt)와 마주 보는 곳이다. 타이스퉁겐에서 아히스펠트로 가려면 보르비스(Worbis)를 거쳐야 한다. 그래서 이곳을 흔히 두더슈타트-보르비스 접경통과검문소라 부른다.

1973년 7월 21일 공식적으로 접경 지역 교통을 열었고, 1989년까지 약 600만 명이 이 접경통과소를 왕래할 만큼 규모가 컸다. 난공불락 같던 베를린 장벽이 무너지자 11월 9일과 10일 새

타이트퉁겐 접경박물관 앞과 옛 경계선에 있는 접경통과검문소의 지휘 통제 및 감시탑. Photo/Wikimedia Commons

접경통과검문소 앞에는 동독의 국장(國章)이 들어간 흰색 상징탑이 있다. 통일 후 이 국장은 소리 없이 사라졌다. 아래 사진은 접경통과검문소. 1973년 7월 오픈한 이래 1989년까지 약 600만 명이 이곳을 통과했다.

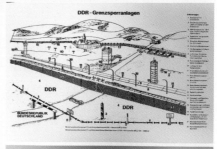

박물관 내부는 1층과 2층에 걸쳐 공산주의 최고 선진국 동독의 생필품부터 접경 방어시설 등 시기별로 분단 상황을 잘 요약해 놓았다. 특히 서독 국경수비대(BGS)가 당시 관광객에게 배포한 동독 접경시설물에 대한 자료를 간략하게 정리를 잘 해 놓았다. Photo/오동룡

접경 지역을 순찰하던 서독 접경수비대 소속 알루에트-II 헬리콥터. Photo/오동룡

벽에 이곳 통과소 역시 개방됐다. 1990년 7월 1일 동서독 간 '화폐·경제·사회통합협정'이 발효되자 접경통과검문소로서의 임무는 종료됐다.

아히스펠트 타이스퉁겐 접경박물관은 접경통과검문소를 개조해 만들었다. 분단 시기의 애환을 담아 1995년에 문을 열었다. 약 1,000m^3 크기의 박물관 내부에는 독일의 분단, 동독의 접경 지역 감시체계, 그리고 그뤼네스 반트에 관한 상세한 정보를 전시하고 있다.

박물관 앞 옛 경계선에는 분단 시절에 접경통과검문소의 지휘 통제 및 감시탑으로 활용했던 방앗간 탑(Mihilenitum)이 있다. 인근 수도원

(修道院)에서 사용하던 방앗간 건물을 활용한 것이다. 방앗간 탑 내에는 당시 사용했던 통신시설, 탐조등을 포함한 감시 장비가 옛 모습 그대로다.

야외전시장은 '민주주의'와 '생태계'가 테마다. 동독 독재체제를 고발하고 자연과의 화합을 교육한다. 벌판에는 당시 사용되었던 접경 지역 장해시설물과 감시탑 등이 원형 그대로 놓여 있다. 분단 체험의 산 교육장이다. 니더작센 주와 튀링겐 주의 접경선을 따라가며 약 6km의 산책길이 그뤼네스 반트 내에 형성돼 있다.

박물관 주차장에는 1994년 '아히스펠트는 1945년부터 1990년까지 분단됐으나, 한 번도 분리되지 않았다'라는 글귀가 새겨져 있다. 접경 지역을 순찰하던 서독 접경수비대 소속 헬리콥터가 실물 그대로 전시되어 있다.

22 냉전시대 서독의 난민수용소
프리들란트 접경통과수용소
Grenzdurchgangslager Friedland

　프리들란트 접경통과수용소(Grenzdurchgangslager Friedland)는 탈
북민이 한국에 입국해 초기 정착 교육을 받는 '하나원'을 연상시킨다.
자유를 찾아 한국에 입국한 탈북민은 하나원에서 3개월간 교육을 받
고 지역사회로 편입된다. 탈북민 수가 현재 4만 명에 다가서지만, 만약
북한 급변사태로 탈북민이 대거 급증하면 어떤 대책이 있을까. 1999
년 경기 안성시에 '북한이탈주민정착지원사무소'라는 명칭으로 문을

독일 괴팅겐의 프리들란트 접경통과수용소. Photo/오동룡

1945년 무렵 영국 점령군이 프리들란트에 수용소를 만들 당시의 모습.
Photo/Wikimedia Commons

연 하나원은 지금까지 3만 명 이상의 탈북민을 교육해 사회에 배출했다. 대다수 탈북민에게 하나원은 한국에서 첫발걸음을 뗀 '마음의 고향'으로 기억된다.

2002년 8월까진 모든 탈북민이 안성시의 하나원에서 교육을 받았지만 입국자가 늘어나자 통일부는 같은 해 9월부터 성남시 새마을운동중앙연수원 시설을 임차해 여성들을 따로 교육했다. 여성보다 남성 수가 많을 때였다. 이후 시설 포화와 임차 기간 만료 등의 이유로 하나원 분원은 시흥과 양주로 옮겨 다녔디. 2013년 접경지대인 강원도 화천군에 하나원 제2분원이 세워지고 남성 탈북민을 따로 교육하면서 현재까지 유지되고 있다.

설립 당시 건물인 반원형 형태의 수용소와 박물관으로 개조한 수용소 내부 모습.
Photo/오동룡

　1945년 9월 20일, 당시 영국 점령군은 서독 괴팅겐(Göttingen) 시에 있는 자유 지역이란 의미의 프리들란트(Friedland)에 전쟁 귀환병, 탈출자, 추방자를 수용하는 임시 수용 시설을 만들었다. 사회 적응 훈련을 하는 곳이었다. 초기에는 원형의 양철 건물을 사용하다 목조 건물을 거쳐 콘크리트 건물로 바뀌었다. 이곳은 원래 괴팅겐대학교의 농업실습장 부지였다고 한다.

　프리들란트는 교통의 요지였다. 서독에 속했던 니더작센 주(영국군 점령)와 헤센 주(미군 점령), 그리고 소련 점령지였던 튀링겐 주가 만나는 3각 접경지였기 때문이다. 동시에 서독의 하노버(Hannover)와 카셀(Kassel)로 연결되는 괴팅겐과 동독의 베브라 간에 동서독을 연결하는 철도의 통과지이기도 했다.

　포로가 되었다가 돌아오는 수만 명의 전쟁 귀환병들이 교통의 요

접경통과수용소는 병원, 여성 센터, 교육실, 어린이집, 놀이방, 세탁실, 청소년실, 숙소 등을
갖췄다. 수용소 앞에 교회가 있다. 교회 앞에는 전쟁 귀환자들을 추념하는 동상이 서 있다.
Photo/오동룡

지인 이곳에 수용됐다. 1955년 소련으로부터 마지막 전쟁 포로 1만여
명이 도착했다. 이들이 수용소에 도착했을 때 수용소 내 교회에서는
"모두 하나님께 감사합시다."(Nun danket alle Gott)라는 찬송가가 울려
퍼졌다.

분단이 굳어지자 이 시설은 동독 탈출자와 이주자, 동구권에서 거
주했던 독일인들 가운데 추방된 사람들을 수용하는 시설로 바뀌었다.
지금은 동구권으로부터 오는 이주자 2~3세대들의 임시 거소로 활용
되고 있다. 수용소에는 700개 이상의 침상(寢牀)이 있고, 1945년 이후
400만 명 이상이 이곳을 거쳐 갔다.

한편, 1948년부터 1956년까지 이 수용소는 동부 및 동남부 유럽과
서독 간에 전쟁 기간 헤어진 부모와 자녀들이 만나는 만남의 장소로
도 활용하고 있다. 냉전의 한 가운데 적십자와 교회의 노력으로 인도

① 반원형 양철 콘센트 앞에서 놀고 있는 전쟁
고아들(1950). ② 소련에서 풀려난 전쟁 포로들
(1955). ③ 폴란드에서 온 독일가족. ④ 폴란드에
서 강제 추방당한 독일인들(1945년).

Photo/Museum Friedland

폴란드에서 온 동독 청년 2만 2,000명 수용(1960), 베트남 보트 피플 3만 5,000명 수용(1978), 통독 직후 동독 주민(1989), 망명 신청한 코소보 난민(2014·시계방향).

Photo/Museum Friedland

적 만남이 이루어진 것이다. 반원형 형태인 양철수용소 하나가 현재 원형 그대로 보존돼 박물관의 사실성을 높이고 있다.

공산화된 베트남을 벗어나기 위해 많은 사람이 바다로 탈출했다. 이른바 '보트피플'이다. 서독은 3만 5,000명의 베트남 난민을 받아들였고, 그 중 4,500명을 이곳에 수용했다. 접경통과수용소는 병원, 여성 센터, 교육실, 카리타스, 어린이집, 놀이방, 세탁실, 청소년실과 숙소 등으로 구분했다. 접경통과수용소 내 교회 앞에는 전쟁이 끝나고 자유를 찾아 이곳에 도착한 전쟁귀환자들을 추념하고 자유를 되새기는 동상이 서 있다. 그들이 올 때면 환영의 종이 찬송가와 함께 울려 퍼졌다.

근처의 게르스퉁겐 기차역(Bahnhof Gerstungen)도 빼놓을 수 없다. 전쟁 이후 소련이 점령하였던 튀링겐 주의 접경 지역인 게르스퉁겐(Gerstungen)과 아이제나흐(Eisenach)로부터, 미군이 점령했던 헤센 주의 헤를레스하우젠(Herleshausen)이나 베브라(Bebra) 접경에는 교통의 편의성으로 인해 탈주, 인신매매, 밀수가 자주 일어났다. 따라서 이 지역을 통과하는 열차에 대해서는 항상 삼엄한 감시가 이뤄졌다.

동독의 아이제나흐에서 출발해 바르타(Wartha)와 게르스퉁겐을 거쳐 서독 지역으로 가는 열차의 경우, 동독 접경통과정거장인 바르타역은 폐쇄돼 정차할 수 없었다. 철도 노선이 동독의 바르타에서 서독의 헤센 주로 넘어갔다가 다시 동독의 게르스퉁겐 역을 지나 다시 한번 서독 지역으로 가는 지형이었기 때문이었다.

서독 접경과 가까이 위치하기 때문에 열차에서 뛰어내려 탈주하는 것을 막기 위한 조치였다. 그럼에도 이 지역에서의 탈주와 밀수는 끊이지 않았다. 결국 동독 정부는 1952년 이 승객용 철도 노선을 완전히 폐지했다. 다만 화물열차의 운행은 지속됐고, 미·영·불 연합군 차량은 치외법권(治外法權)을 누려 검문 없이 통과할 수 있었다.

1963년부터 1990년까지 바르타 역은 완전히 폐쇄됐다. 대신 동독은 게르스퉁겐에 두 개의 정거장을 만들었다. 하나는 지역민들이 이용하는 것이고, 다른 하나는 '게르스퉁겐 접경통과정거장(Grenzubergangsstelle Gerstungen)'으로 활용하기 위해서였다.

접경통과정거장이 만들어지면서 바르타 역의 역할이 이곳으로 옮겨져 여행자들의 여권 및 세관 검사, 화물 검사 등이 이뤄졌다. 또한 바르타를 경유하지 않는 우회노선이 만들어졌는데, 게르스퉁겐-디트리힉스베르크(Dietrichsberg)-푀르타(Fortha) 아이제나흐를 거치는 노선이었다. 당시 서독을 방문하거나 혹은 서독으로부터 귀환하는 동독 여행자들은 게르스퉁겐 접경통과정거장에서는 탑승이나 하차가 일절 금지됐고, 곧바로 게르스퉁겐 지역 기차역으로 가야만 했다.

23 탈출에 실패한 굴삭기 기사

쉬플러스그룬트 접경박물관
Grenzmuseum Schifflersgrund

1991년 10월 3일, 통일 이듬해 개장한 쉬플러스그룬트 (Schifflersgrund) 접경박물관은 서독의 헤센(Hessen) 주와 동독의 튀링겐 주 사이 접경선에 만든 최초의 접경박물관이다. 보슬비가 내리는 가운데 쉬플러스그룬트 접경박물관에 도착했을 때 박물관 입구에 전차와 장갑차, 항공기 등 수많은 무기체계를 전시하고 있는 것이 신기했다. 규모가 꽤 큰 박물관일 것이라는 생각이 들었다.

야외박물관 왼쪽 내리막길로 1km 정도 구간의 접경 철조망 지대가 펼쳐져 있었다. 이곳이 그 유명한 굴삭기 기사의 안타까운 탈출 스토리가 담긴 접경박물관이었다. 박물관엔 하인츠 요셉 그로세(Hein-Josef Giroβe)가 탈출 때 사용했던 굴삭기와 동독 국경수비대의 순찰용 헬기가 지금도 사용 가능한 장비처럼 전시돼 있었다.

하인츠 요셉 그로세는 당시 동독이 공식적으로 부인했던 탈출자 사살 명령(Shoot Kill Order)에 따라 희생된 인물이다. 1982년 3월 29일, 굴삭기 기사였던 그는 굴삭기의 버킷(속칭 바가지) 부분을 뻗쳐 철조망에 걸치고 그 위로 철조망을 넘으려 했다. 가까스로 철조망은 넘었으나, 서독 지역 언덕이 가팔랐다. 굴삭기의 엔진 소음으로 그의 탈출을 알아차린 2명의 국경수비대가 칼라시니코프 소총으로 사격을

쉬플러스그룬트 접경박물관 입구. Photo/오동룡

가했다. 그는 언덕을 불과 10m 앞두고 쓰러졌다.

　현장을 한참 걸어 내려가 보니 상황이 머리에 들어왔다. 그로세는 굴삭기를 몰고 순찰도로인 콜로넨베크와 6m 폭의 발자국 탐지 구역을 통과해 3.2m 높이의 철조망 장벽 앞에 굴삭기 버킷을 놓고 장벽을 넘어 비탈을 오르다가 총격을 당한 것이었다. 언덕을 올라가면 그곳이 서독의 헤센 주였다. 그로세가 쓰러진 그 자리엔 둥구 자작나무 십자가가 서 있었다. 불과 10m를 남겨두고 그 벽을 넘지 못했다.

　박물관 내부엔 동독이 공식적으로 하달한 발포명령서는 '동독을

야외박물관 아래로 펼쳐진 1km의 철조망 지대. 굴삭기 기사 하인츠 요셉 그로세(Heinz-Josef Grosse·사진)가 숨진 자리에 세운 자작나무 십자가가 산등성이 멀리 보인다. Photo/오동룡

1982년 3월 29일 그로세가 굴삭기 지게부분을 철조망에 걸치고 담장을 넘어 언덕을 오르다 피격됐다. 피격 지점에 십자가를 세웠다. Photo/오동룡

동독 국경수비대 소속 군인들이 탈출을 시도하다 사망한 그로세의 시신을 회수하고 있다.
Photo/Archiv Grenzmuseum

탈출하려는 자를 말살(Vernichten)하는 것이 동독 국경수비대의 의무
(Vergatterung)'라고 되어 있다. 야외전시장 곳곳에는 동독 접경 지역의
방어시설물을 전시했다. 강철로 된 철조방벽은 매우 촘촘하게 날카로
웠다. 콘크리트 감시탑과 벙커 그리고, 당시 접경선을 순찰하고 지키던
차량, 전차, 헬리콥터 등이 우리의 전쟁기념관을 방불케 할 정도의 규
모다.

소련제 MI-24형 헬리콥터와 레이더 시설도 있다. 이곳이 동서독 접
경선만이 아니라 서독이 속했던 나토군과 동독이 속했던 바르샤바조

그로세가 탈출을 시도한 상황도. Photo/Archiv Grenzmuseum

약군이 일촉즉발의 상태로 대립했던 군사 지역이었음을 보여준다. 서독도 접경수비대 헬기로 당시 이 지역을 순찰했다.

그로세의 안타까운 사례도 있지만 동서독 경비대 간 협력도 있었다. 1984년 4월 5일 서독 청소년 4명이 탄 승용차가 접경박물관 인근 도로를 달리다 동독 쪽 언덕 아래로 굴렀다. 동독 국경수비대의 협조로 서독의 구호반이 이들을 구조하기 위해 동독 지역으로 들어갔다.

이곳은 그뤼네스 반트 내 아히스펠트 하이니히 베라 계곡(Eichsfeld Hainich Werratal) 자연공원에 속한다. 그래서인지 '경관보호지역'이란 표식이 서 있었다. 박물관 입구 안내판은 쉬플러스그룬트 접경박물관을 4km에서 13.5km까지 다양하게 산책할 수 있는 코스를 소개하고 있다.

야외박물관에 전시하고 있는 동독 국경수비대 장비들. 국경 철조망에 설치된 스프링 식 자동 발사 장치 M-70, 동독이 사용한 각종 국경 경고문들, 순찰에 사용한 각종 군용 트럭들.

동독 국경선에 관한 경고판이란 경고판은 몽땅 모아놓아 벽면에 붙여놓은 것부터 헬기, 전차, 장갑차, 소련제 우랄트럭, 트라비 경찰차, 감시탑, 접경선 탐조등, 자동 발사 장치, 접경선 표지, 동독 화폐, 동독 신문 등 접경 관련 시설물은 없는 것이 없었다. 만약 접경 관련 자료를 수집하라면 쉬플러스그룬트 접경박물관을 찾으라고 권하고 싶을 정도다.

저녁 무렵, 숙소로 돌아오면서 베라 강 인근의 필립스탈 접경박물관(Grenzmuseum Philippstahl)에 들렀다. 동서독이 분단되면서 인쇄공장으로 사용했던 호쓰펠트(Hoβfeld) 건물은 갑자기 명소가 됐다. 건물의 중간이 동독의 튀링겐 주와 서독의 헤센 주로 분단선이 지나갔기 때문이다. 인쇄공장의 반은 동독, 반은 서독의 행정구역에 소속됐다. 1976년에야 비로소 동서독은 접경선 구획에 관해 합의했고, 이때 비로소 건물 전체를 서독 헤센 주로 이관할 수 있었다. 현재는 개인 소유이기 때문에 방문하려면 사전 예약이 필요하다.

24 미국과 소련이 점령지를 맞바꾼 곳

반프리드 기록보관센터
Wanfrieder Dokumentationszentrum

3월 11일 수요일, 반프리드 기록보관센터(Wanfrieder Dokumenta-
tionszentrum) 개관 시간을 확인하기 위해 전화를 하니 직원이 응대를
하다가, 자동응답으로 돌려버렸다. 오늘 아침 아시아나 항공편으로 귀
국할 수 있게 됐다는 '복음'을 생각하고 기분을 전환했다. 자칫하면 코
로나 19로 장기간 독일에 체류하게 될 가능성도 있었기 때문이다.

작은 성 형태의 목조 가옥에 입주한 반프리드 기록보관센터, 일명
'반프리드 고향박물관(Heimatmuseum Wanfried)'은 동서독 접경 지역
초기 상황을 가장 잘 보여주는 곳이다. 얼음처럼 단단했던 접경 지역
의 방어시설물은 봄눈 녹듯 허물어졌고, 그때의 기억을 저장하기 위
한 전시물로 변했다.

반프리드 박물관에 보관된 3,000점 이상의 서적과 기록물은 분단
독일의 정치, 사회, 경제적 상황을 보여주는 것으로 자료적 가치가 크
다. 역사적인 '반프리드 협정' 관련 기록물도 전시하고 있다. 장벽에
서 발생한 사건들에 관한 다양한 정보도 소장하고 있다. 그중에서도
1989년 여름 동독 주민들의 헝가리로의 탈출부터 동독 체제 종식에
이르기까지의 상황을 보여주는 값진 기록물도 있다.

1945년 9월 17일 작은 마을인 반프리드에서 미군과 소련군 장교들

빈프리드기록보관센터. Photo/오동룡

1945년 9월 17일 반프리드(Wanfried)에서 미군과 소련 장교들이 만나 괴팅겐과 베브라를 오가는 철도 통행에 관한 협정을 체결했다. Photo/Schifflersgrund Border Museum

이 만나 '반프리드 협정(Wanfrieder Abkommen)'을 체결했다. 이 협정으로 당시 서쪽의 괴팅겐과 동쪽의 베브라를 오가는 철도 통행을 둘러싼 갈등의 종지부를 찍었다. 베브라 지역은 동서독 정상회담의 추억이 담긴 곳이다. 1970년 3월 19일 역사적인 첫 동서독 정상회담을 위해 브란트 총리가 동독을 방문한 데 이어, 답방 형식으로 1970년 5월 21일 동독 슈토프 총리가 게어스퉁겐 역을 출발, 서독 측 베브라 역에 도착해 승용차편으로 갈아타고 회담장이 마련된 카셀의 슐로츠 호텔로 이동했었다.

괴팅겐-베브라를 오가는 이 철도는 미군 점령지로 가는 중요한 노선이다. 그런데 미군 점령지 헤센 지역을 지나는 철도 노선이 약 4km에 걸쳐 소련 점령 지역인 튀링겐 주를 통과해야만 했다. 열차에 가득 찬 미군의 군수품을 이송하다 독일 기관사가 소련군 기관총 세례를 받는 등 문제가 있었다. 쌍방 간에 영토 교환을 통해 철도 노선이 소련 점령 튀링겐 주를 거치지 않고 미군 점령지 헤센 주를 달리도록 영토를 바꾼 이 협정을 통해 문제는 해결됐다. 이러한 형태의 협정은 분단 기간 내 최초이자 마지막이었다.

'반프리드 협정'은 강대국인 미국과 소련 간에 이루어진 최초의 공식 협정으로, '포츠담 협정'에 준하는 국제법적 성격을 띠었다. 그리고 미·소 간 철도 노선에 관한 갈등은 제2차 세계대전 이후 밀어닥친 냉전의 전주곡이었다.

서독 지역의 베리취(Welitsch)에서 1.7km 떨어진 동독 지역의 하이너스도르프(Heinersdorf) 사이에는 분단 기간 750m 길이의 콘크리트 장벽이 세워졌다. 그 중에서 현재 약 30m 정도가 원형 그대로 보존되어 하이너스도르프 베리취 접경기념물(Gedenkstätte Heinersdorf Welitsch)로 관람객을 맞고 있다.

장벽 앞에는 당시 동독에서 만든 차량 방어 시설이 자리하고 있다. 접경감시소로 활용됐던 목조건물은 지금 기록보존소로 바뀌었다. 20세기 두 독일에 존재했던 독재체제(나치의 제3제국과 동독)를 비교한 전시물이 특징이다. 특히, 동독 국경수비대에 하달되었던 각종 명령서도 전시하고 있다. 베를린 장벽이 1989년 11월 19일 무너졌음에도 이곳의

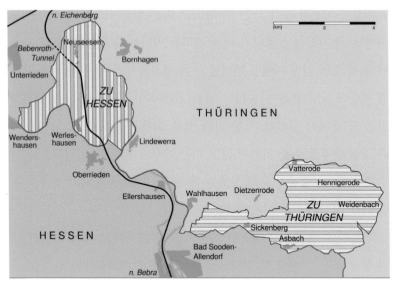

반프리드 협정(Wanfrieder Abkommen) 요도. 미군은 그 동안 왼쪽 튀링겐의 소련군 점령지를 통과해 헤센 주로 와야만 했다. 반프리드 협정으로 오른쪽 미군 점령지와 맞바꿈으로써 검은 실선의 철도 노선이 헤센 주만 통과하게 됐다. Photo/Wikimedia Commons

콘크리트 장벽은 열리지 않았다. 그러자 동서독 주민들이 행동에 나서 1989년 11월 19일 이곳의 벽도 결국 무너졌다. 콘크리트 장벽 앞에 이를 기리는 기념석이 세워졌다.

25 나토군의 최전방 기지
포인트 알파 기념관
Mahn-, Gedenk- und Begegnungsstätte Point Alpha

포인트 알파(Point Alpha) 기념관은 북대서양조약기구(NATO)와 바르샤바(WTO)조약기구의 최전방 기지 역할을 40년 동안 수행한 곳이다. 진정한 의미에서 포인트 알파는 동서 냉전 시절 자유민주주의와 공산주의 사이의 대결장이었다. 포인트 알파 기념관은 서독 헤센 주와 동독 튀링겐 주의 경계에 위치한다. 규모와 범위로 볼 때 가장 큰 분단 역사의 교육장이다.

미군의 유럽 최전방 기지 포인트 알파 입구. 앞쪽으로 미군 감시탑, 왼쪽으로 동독 접경이 보인다. Photo/오동룡

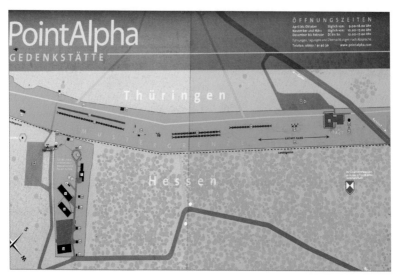

포인트 알파기념소의 배치도. 붉은 점선이 동서독 분단선이다. 좌측이 미군 주둔지 포인트 알파, 동독 접경 지역 방어시설을 따라 만든 '희망의 길'이 이어지고, 우측 푸른색 사각형이 동독 군 순찰로 콜로넨베크 위에 세워진 '접경선 위의 집'이다. Photo/오동룡

포인트 알파 기념관에 내리니 보슬비와 함께 짙은 안개가 내려 앉아 앞을 분간할 수가 없었다. 풀섶도 미끄러워 동행한 이가 하마터면 미끄러질 뻔했다. 휴대전화기로 영상을 촬영하는데, 전화기에서 빗물이 줄줄 흘러내렸다.

이곳은 40년 동안 나토군의 최전방 기지 기능을 했다. 미·소 양 진영 갈등의 상징이 된 이곳은 당시 군사시설물을 생생히 보여준다. 포인트 알파 기념소는 크게 포인트 알파 미군 주둔지, 야외 접경박물관, 한국판 판문점에 해당하는 실내박물관 '접경선 위의 집(Haus auf der Grenze)'으로 구성된다.

포인트 알파 입구에 보이는 것이 미군 감시 초소다. 초소 내부를 보니 미군 철모와 수통, 탄띠 등이 걸려 있고, 전화기가 통화 중인 상태다. 마치 미군이 근무하는 느낌을 준다. Photo/오동룡

동독 군과 코앞에서 경계 근무를 서고 있는 미군 병사들. Photo/Point Alpha Archiv

　미군 최전방기지 포인트 알파 입구 매표소를 빠져나가니 뒤쪽으로
는 미군 감시 망루가, 왼쪽에는 동독 접경 철조망 장벽이 동시에 보였
다. 포인트 알파 주둔지는 1989년까지 미군이 유럽 지역에서 운영했던
가장 중요한 최전방 기지 중 하나로, 냉전기간 내내 가장 근접한 지역
에서 대립했던 현장이다. 서로 대화를 나눌 정도의 거리다. 미군 주둔
지를 내부를 전시관으로 꾸며놓았는데, 나토와 바르샤바조약군의 군
사적 대치 상황을 자세하게 보여주고 있다.

　미국을 중심으로 1949년 창설한 북대서양조약기구에 대항하기 위
해 소련은 위성 국가인 동독 등과 함께 1955년 바르샤바조약기구를

2005년 통독 15주년을 맞아 독일 통일에 기여한 공로로 부시 미국 대통령, 고르바초프 러시아 대통령, 헬무트 콜 독일 총리 세사람에게 '포인트 알파상'을 수여했다. Photo/오동룡

만들었다. 바르샤바조약기구는 소련의 해체와 함께 1991년 사라졌다. 2005년 통일 15주년을 맞아 통일 당시 미국, 소련, 독일의 세 수반을 이곳에 초청해 '포인트 알파상(Point Alpha Preis)'을 수여했다. 그때의 기념사진을 전시하고 있다. 세 수반 중 고르바초프 전 소련서기장만 생존해 있고, 조지 부시 전 미국 대통령, 헬무트 콜 전 독일 총리는 고인이 됐다.

포인트 알파 지역은 이른바 '풀다갭(Fulda Gap)'에 속하는 지역이다. 풀다갭은 동독의 튀링겐으로부터 서독의 프랑크푸르트에 이르는 평야

미군이 사용했던 M48 계열 전차. Photo/오동룡

지대로서 바르샤바조약군이 전차로 공격할 수 있는 주공(主攻) 노선이었다. 1813년 나폴레옹이 라이프치히 전투에서 패한 후 탈주로로 선택했던 지역이기도 하다. 1980년대 풀다갭에서의 미군 작전도가 보인다. 바르샤바조약군의 예상 침공노선을 그려가며 바르샤바조약군이 전쟁을 도발했을 때 나토군의 공격 계획을 담고 있었다.

'희망의 길'(Weg der Hoffnung)이라 불리는 콜로넨베크는 '접경선 위의 집'과 포인트 알파 미군 주둔지를 이어준다. 비가 쏟아지는 가운데 걷는 이 길이 필자에겐 '희망의 길'이 아니라 '골고다의 길'이었다. 미군 주둔지 포인트 알파 바로 앞에 서 있는 자작나무 십자가. 뒤쪽으로 동독 국경 표식 지주와 철조망 장벽이 보인다. 자작나무 십자가는 동독

미군 병영 막사. 문을 열어보니 스낵바가 영업 중이었다.
중앙에 성조기가 나부낀다. Photo/오동룡

미군을 감시했던 감시탑과 콜로넨베크. 탈출자를 찾던 죽음의 길이 '희망의 길'로 바뀌어 '접경선 위의 집'으로 안내한다. Photo/오동룡

탈출자의 죽음을 의미한다.

1975년 12월 24일 크리스마스이브 밤, 포인트 알파 건너편 동독 접경 철조망에서 두 명의 젊은 청년이 탈출을 시도했다. 자동 발사 장치가 불을 뿜었고, 한 명은 피를 흘리며 쓰러지고 한 명은 도망쳤다. 미군이 감시 망루에서 이를 지켜보고 있었으나, 동독 지역에서 벌어진 일이라 어찌할 도리가 없었다.

서독접경수비대는 1976년 1월 12일, 18세 그 청년이 총격을 받은 날 과다출혈로 숨졌다고 알렸다. 서독 주민들은 비극이 일어났던 장소 건너편 서독 지역, 포인트 알파 앞에 자작나무 십자가(Birkenkreuz)를 세우고 그의 넋을 달랬다. 이후 자작나무 십자가는 성공하지 못한 동독 탈출자가 숨진 자리마다 세워졌다.

접경선 위의 집. 건물 안으로 콜로넨베크와 철조망이 지난다. Photo/오동룡

통일 이후 그날의 일이 새롭게 밝혀졌다. 죽었다던 그 청년은 두 다리를 잃었으나 죽지 않았고, 상처가 회복되자 탈출을 시도한 죄로 감옥에 투옥됐다. 이후 다시는 접경 지역에 살지 못하게 됐고, 도망쳤던 친구도 잡혀 투옥됐다. 이들은 살아남아 통일의 감격을 맛보았고, 이

평화의 바람개비와 원탁은 접경선의 두 가지 상징물이다. 비를 흠뻑 맞은 평화의 바람개비가 물방울을 강하게 튀기며 돌고 있다. Photo/오동룡

들의 사연은 당시 언론에 실렸다.

'접경선 위의 집'은 건물 내부로 콜로넨베크가 지나는 것으로 유명하다. 콜로넨베크가 지나가는 길 바로 위에 박물관을 지은 것이다. '죽음의 띠' 분단선을 실내에서 느끼는 것은 색다른 느낌이다. 마치 우리나라가 1945년 38선으로 분단되었을 때, 분단 직후 판문점 가옥들이

분단선에 위치했던 것과 똑같은 상황이다.

1층에는 당시 동독 주둔군의 전개상황, 그들의 일상, 슈타지 관련 기록물과 사진이 전시돼 있다. '접경선 위의 집' 2층 베란다에 올라서면 접경방어시설이 지평선 끝까지 펼쳐진다. 이곳에 설치된 두 개의 상징물, 원탁(Run der Tisch)과 평화의 바람개비(Spirale des Friedens)가 이곳의 명물이다.

'원탁'은 콘크리트로 만든 둥근 탁자다. 베를린 장벽 붕괴 직후 동독에서는 체제 변화를 요구하는 시민단체들이 둥근 탁자에 함께 앉아 향후 정국을 논의했다. 둥근 탁자회의가 통일에 기여한 것을 기념하기 위해 철거된 동독 접경 장벽에서 콘크리트를 재활용해 만들었다고 한다. 둥근 탁자에는 '독일 조국을 위한 통일, 정의, 자유'를 새겼다. 의자 수는 16개로 평화와 자유 속에 번영하는 통일 독일의 16개 연방주를 상징한다. 의자마다 주 이름이 새겨져 있다. 1953년 6월 17일 동독에서 공산화에 반대하는 대규모 항쟁이 일어났던 50주년인 2003년 6월 17일 제막식을 했다.

다른 하나의 명물은 '평화의 바람개비'다. 40년 동안 이곳은 냉전으로 인해 독일이 분단됐고, 미국과 소련의 군사동맹체가 격돌했다. 변화의 바람이 바람개비처럼 불어 평화가 찾아왔다. 평화를 뜻하는 'Peace'(영어), 'Frieden'(독일어), 'мир'(러시아어)가 각각 새겨진 세 날개의 바람개비는 변화의 동력, 역동적 에너지를 상징하고 있다.

26 축구경기하다 불탄 다리 넘어 탈출

독-독 야외박물관
Deutsch-deutsches Freilandmuseum

독-독 야외박물관은 서독 남부 바이에른(Bayern) 주 라퍼스하우 젠(Rappershausen)과 동독 튀링겐 주 베룽겐(Behrungen)의 접경 지역 에 위치하고 있다. 라퍼스하우젠에 위치한 동서독 '접경정보교환소 (Grenzinformationsstelle)'와 베룽겐 등에 자리한 동독의 감시탑을 포함 하는 접경시설물 등이 있다.

세 개의 방문코스로 나누어 관광버스를 이용한 탐방을 해야 할 만큼 광대한 지역에 산재해 있다. 서독 라퍼스하우젠에 있는 접경 정보교환소와 감시탑, 동독 튀링겐 주의 베룽겐과 곰페르츠하우젠 (Gompertshausen)에 있는 콘크리트 감시탑을 포함한 접경시설물을 다 둘러보는 데에는 3~4시간이 소요된다.

바이에른 주 접경 지역 벌판에 홀로 우뚝 서 있는 라퍼스하우젠 접 경정보교환소는 1970년대에 건립했다. 접경정보교환소는 뢴(Rhön) 자 연공원에 속한다. 서독접경수비대, 바이에른 주 접경경찰, 세관원이 근 무했고, 여기서 수많은 사람이 접경 지역 관련 자료를 얻고, 현황을 생 생하게 체험했다. 바이에른 주 탐방의 출발이 여기서 시작된다.

동독 베룽겐(Behrungen)의 접경시설물로 가는 콜로넨베크 옆 표지 판에 이곳이 '독-독 야외박물관'이며 분단 독일의 기념관임을 알리고

서독 라퍼스하우젠에 있는 접경정보교환소. Photo/오동룡

튀링겐 지역의 프리랜드 야외 박물관(Freiland Museum)에 있는 동독 국경수비대 감시탑. 감시탑 아래 시멘트 블록 길은 동독 군의 순찰로다. 감시탑은 개인 소유로, 정부에서 기념물로 보호하고 있다. 박쥐는 보지 못했으나 이 지역이 박쥐 보호지라는 것을 알리고 있다. Photo/오동룡

있다. 이곳은 사유지에 자리 잡고 있는 시설물이다. 소유주는 2003년 6월 22일 전체를 개방했다고 한다. 2001년 3월 10일, 이곳에서 10살 아이가 지뢰를 발견했다면서 주의를 환기하는 안내석도 있다.

동독의 영토임을 알리는 국경 표식 지주가 벌판 한가운데 덩그러니 서 있다. 분단의 세월을 넘고 통일의 시간이 흐르며 강렬했던 검정, 빨강, 노랑도 색이 바랬다. 시멘트 조각도 떨어져 나갔다. 국경 표식 지주는 베를린을 비롯해 독일 도처에서 볼 수 있는 낯익은 '분단의 상징물'이 됐다. 동독 최초 디자인한 암펠만 신호등이 통독 이후 모든 독일인

베를린을 제외하고는 장벽 대신 철조망 장벽을 쳤다. 방어시설이 없는 왼쪽이 서독 지역, 대전차 장애물이 있는 오른쪽이 동독 지역이다. Photo/오동룡

이 사용하는 것처럼, 동독의 분단 상징인 동독 국기가 새겨진 국경 표식 지주도 또 하나의 관광 상품이 됐다.

불탄 다리 접경기념소는 독일 분단의 상징적인 장소다. 다리는 이미 중세 때 불타버리고 이름만 남았다. 이곳은 서독 바이에른 주 노이슈타트(Neustadt)와 동독 튀링겐 주의 존네베르크(Sonneberg)를 연결하는 접경지점이었다. 전쟁 후에는 미·소 점령군이 통과지점으로 활용했다.

불탄 다리가 역사에 이름을 올린 것은 축구경기 때문이었다. 1947년 7월 31일 불탄 다리에서 멀지 않은 곳에서 서독의 노이슈타트와

독일 중부 튀링겐 지역의
동·서독 국경 잔해물.
Photo/오동룡

지뢰가 발견됐다는 표지도 눈에 띈다. 2001년 3월 10일 10살짜리 아이가 지뢰를 발견했다고 적혀 있다. Photo/오동룡

동독의 존네베르크 대표팀 간 친선 축구시합이 벌어졌다. 경기 도중 선수들과 수많은 동독 관중들이 서독의 노이슈타트로 향하는 접경선을 넘어 탈출했다. 물론 경기는 중단됐다.

베를린 장벽 붕괴 사흘 후인 1989년 11월 12일 불탄 다리의 경계선은 개방됐다. 각종 방어시설물도 철거됐다. 1947년 친선 축구시합의 당시, 동서독 주민들은 "우리는 독일 통일을 원한다.", "우리도 그렇다." 라고 화답하는 현수막을 들고 기념촬영을 했다고 한다. 동독 축구선수들은 축구경기인 '염불'엔 관심이 없고 탈출이라는 '잿밥'에만 신경

불탄 다리에서의 축구시합은 역사에 이름을 올렸다. 1947년 7월 31일 동서독 주민들 간 친선 축구시합에서 동독 주민들이 집단으로 탈출한 사건이 일어난 곳이다. Photo/오동룡

을 곤두세웠을 것이다. 1989년 11월 12일 불탄 다리 경계선이 풀리자, 수많은 동서독 주민들이 함께했다.

27 스몰카 동독 군 중위 일가의 눈물
프롭스첼라 동독 접경기차역 박물관
DDR-Grenzbahnhof Museum Probstzella

    동독 튀링겐 주 프롭스첼라(Probstzella)에 있는 이 기차역은 1885년에 건립했고, 베를린과 뮌헨을 오가는 철도 노선의 중간 정도에 위치했다. 1952년부터 서독 바이에른 주 루트비히슈타트(Ludwigsstadt)를 마주보는 접경정거장으로 운영됐고, 약 2,000만 명의 동독 여행객들이 이곳에서 가혹한 여권 심사와 세관 심사를 받았다.

동독 튀링겐 주 프롭스첼라에 있는 기차역. 서독 바이에른 주 루드비히슈타트를 마주보는 접경 정거장이다. Photo/오동룡

프롭스첼라 플랫폼으로 기차가 들어오고 있다. Photo/오동룡

역사 내에는 통제실, 대기실, 여권심사실이 있다. 심사를 통과한 사람은 통과(Gehendürfen)로, 그렇지 못한 사람은 대기실(Bleibenmüssen)로 들어서야만 했다. 당시 동독이 여행의 자유를 어떻게 통제하고 억압했는가를 한눈에 볼 수 있다.

분단 시기, 프롭스첼라 역의 플랫폼 중간에는 장벽을 설치해 서독 여행객들이나 승무원들이 동독 지역을 보지 못하도록 했다. 정거장 맞은편에는 당시 호텔이었던 '인민의 집(Haus des Volkes)'을 개조해 호텔 겸 전시장으로 활용하고 있다. 안내문에는 건물이 그뤼네스 반트 내에 있는 이색적인 호텔로서 튀링겐 주 건축유산이라 소개하고 있다. 1990년 '죽음의 지대에서 그뤼네스 반트(Vom Tokdesstreifen zum Grünen Band)'라는 주제로 전시회가 열렸다.

지금은 폐허가 된 기관차 교체시설을 둘러보다가 자칫 지하까지 연

동독에서 서독으로 여행하려는 승객 약 2,000만 명이 이곳에서 여권 심사와 세관 심사를 받았다. 역사 벽에 프롭스첼라 박물관을 소개하는 글이 붙어 있다. 프롭스첼라 역은 베를린과 뮌헨 중간에 있는 역으로 약 2,000만 명의 여행자가 이곳 여권 조사관과 세관원에게 괴롭힘을 당했다. 박물관은 동독이 당시 어떻게 여행을 통제했는가를 5개 영역으로 나눠 전시하고 있다.

분단 시기 프롭스첼라 역 중간에 있던 건물. 지금은 폐허가 됐다. Photo/오동룡

결된 텅 빈 공간으로 추락하지 않을까 두려웠다. 대단한 규모의 교체 시설이다. 이 크기를 보면 접경통과역으로 활약할 당시 프롭스첼라 기차역의 규모를 짐작하게 한다. 사라지는 역이라고 생각한 순간, 여객을 태운 열차가 스르르 역을 통과하고 있었다.

프롭스첼라 접경통과기차역의 전 업무를 맡았던 접경통제소(Grenzkontrolistelle)는 허물어지고, 그 자리에 대형쇼핑몰이 자리 잡았다. 분단시기에는 바나나 한 줄, 파인애플 하나가 부와 특권의 상징이었다. 부족한 야채 사정으로 인해 공급이 가능한 채소로만 만든 '새롭고 건강한 동독식 조리법'을 선전해야 했던 시절은 이제 옛 이야기가 됐다. 생수를 한 박스 사서 차에 싣고 다음 방문지로 길을 재촉했다.

지금은 폐허가 된 기관차 교체 시설. 접경통과역으로 잘 나가던 시절의 규모를 짐작케 한다.
Photo/오동룡

프롭스첼라의 접경통제소는 허물어지고 그 자리에 독일의 대형마트 노르마(Norma)가 들어섰
다. Photo/오동룡

　가는 길에 또 슬픈 사연을 마주해야 했다. 서독 바이에른 주의 작은
마을인 노르드할벤(Nordhalben)은 철의 장막이 드리워지자 동독 튀링
겐 주와 접경지가 됐다. 이곳의 지역역사박물관에는 분단 상황의 소개
외에 만프레드 스몰카(Manfred Smolka, 1930~1962) 일가의 슬픈 역사
도 전하고 있다.

　동독 국경 경찰 중위로 근무했던 스몰카는 1958년 서독 바이에른
으로 탈출하는 데 성공했다. 이듬해 스몰카는 남겨진 가족을 데려오
기 위해 다시 동독에 들어갔고, 함께 탈주하던 도중 서독을 눈앞에 두

동독 국경수비대 만프레드 스몰카(Manfred Smolka) 중위 가족의 행복했던 시절.
Photo/Executive Today.com

고 부인과 딸이 동독 국가안보성 슈타지의 총격에 사살당하고 만다. 그는 동독으로 끌려가 1960년 전시성 재판을 거쳐 당서기장 호네커와 국가안보성(슈타지) 총책 밀케의 명령에 따라 '주민 교육용'으로 단두대에서 끔찍하게 처형을 당했다. 스몰카의 행복했던 가족사진을 보는 사람마다 슬퍼하면서, 한편으로 살인 명령을 내린 호네커가 통독 후 와병(臥病)을 핑계로 재판도 제대로 받지 않고 독일을 탈출한 것에 분개한다.

28 실개천이 갈라놓은 분단 마을
뫼들라로이트 독-독 박물관
Deutsch-Deutsches Museum Mödlareuth

40여 가구 밖에 안 되는 작은 마을인 뫼들라로이트(Mödlareuth)는 실개천을 사이에 두고 동서독으로 갈라졌다. 탄바하(Tannbach)라는 그 실개천은 한걸음에 뛰어넘을 수 있을 정도로 폭이 50cm에 불과하다.

독일인들은 이 마을을 '작은 베를린(Little Berlin)'이라고 부른다. 같은 생활권을 공유하는 마을인데도 동서독 분단과 함께 둘로 나뉜 모습이 베를린과 닮아서이다. 우리나라에서 이와 비슷한 사례를 찾자면 강원도 고성이나 경기도 연천 지역을 꼽을 수 있다. 작은 마을이었기

뫼들라로이트 마을. 1955년 마을은 실개천을 사이에 두고 철조망으로 두 동강이 났다.
Photo/오동룡

수학여행 온 학생들이 인솔교사의 설명을 듣고 있다. Photo/오동룡

때문에 분단 당시 이 마을 대부분의 구성원은 친인척 관계를 형성하고 있었다. 수많은 가족들은 기약도 없는 생이별을 받아들인 채 장벽이 붕괴되던 그날까지 무려 40년을 기다려야 했다.

1948년까지만 해도 이 마을 사람들은 개울 양쪽을 자유롭게 오갈 수 있었다. 그러던 중 냉전의 시작으로 1949년 동서독 경계가 생겼고, 1952년부터는 마을 주민들의 자유로운 왕래마저 차단됐다. 동독이 통과금지령을 발표하고 나무울타리 장벽을 세우면서 상황은 돌변했다. 마을이 철조망으로 완전히 두 동강 난 것은 1955년이다. 1961년 베를린 장벽이 세워진 시점에는 이 경계를 가운데 두고 양쪽에 지뢰가 설

뫼들라로이트 박물관 앞 연못. Photo/오동룡

치됐다.

　1962년 동독 쪽에는 접근을 금지하는 철조망 장벽시설이 조성됐고, 10m 이내에 출입하는 자는 발포한다는 명령도 내려졌다. 동독은 경계선을 따라 폭 500m의 방어시설과 함께 5m에 이르는 접근금지 구역을 만들었다. 1966년에는 700m 길이로 콘크리트 장벽이 세워졌다. 1970년에서 1971년 사이엔 이중 철조망을 세우고 센서로 작동하는 사동 빌사 장치를 설치했다.

　반대로 서독 쪽에서는 동독 쪽을 보려는 관광객들이 밀어닥쳤다. 담벼락 하나를 사이에 두고 바라만 볼 뿐이었다. 동독 쪽에서는 서쪽

마을 앞 창고 건물 앞에 설치된 교통 차단 시설. Photo/오동룡

으로 어떠한 인사를 건네는 것도 금지했다. 심지어 윙크하는 것까지도 제한했다고 한다. 콘크리트 장벽 동문을 나와 동독 군은 실개천까지 와서 순찰했다. 1960년대에는 이른바 '개 장벽'이라고 하는 군견까지 투입했다.

승용차를 이용한 탈출을 막기 위해 동독 군이 도로에 설치한 강철차단기를 '점보(Jumbo)', '람보(Rambo)', '롤리(Rolli)', '강철 구스타프(Eiserner Gustay)'라고 불렀다. 차단기 양 끝에 콘크리트 방벽을 만들어 우회를 차단했고, 굴릴 수 있어 기찻길에도 사용했다. 우리의 분단은 얼핏 동서독과 닮았지만, 결정적으로 다른 점이 한 가지 있다. 우리

마을사람들이 헬무트 콜 총리(재임기간 1982~1998)에게 바친 기념비. 실개천에서 동쪽 박물관을 바라보며 서 있다. Photo/오동룡

탄바하 실개천 앞 다리. 건너편이 동독 지역이다. Photo/오동룡

BT-11 감시탑. 감시탑에 오르면 탄바하 실개천 건너 서독 쪽 마을이 훤히 보인다. 오른편이 농복 지역이다. Photo/오동룡

마을 앞 연못을 둘러쌌던 철조망 장벽도 전시용으로 한부분만 남겼다. 1989년 12월 9일 중장비가 철조망을 부수는 사진이 걸려 있다. Photo/오동룡

나라는 남북한 주민의 왕래가 원천적으로 차단돼 있지만, 독일의 경우 정치적으로 단절된 상황에서도 최소한의 민간 교류가 가능했다는 게 다르다.

분단 당시 이 마을 거주자들이 대부분 친인척 관계를 형성하고 있었다는 점을 감안, 동독 정부가 마을 주민 간 최소한의 소통이 끊어지지 않도록 교류를 허용했다. 마을 사이를 오가는 집배원이 일정 기간에 한 번씩 서로의 소식을 전하는 메신저 역할을 했다. 이처럼 꾸준히 교류를 이어온 덕분에 국경이 개방된 이후 마을 주민들은 다시 빠르게 하나가 됐다.

1955년 무렵 동서 뫼들라로이트로 분단된 사진. 흰색 점선이 분단선이다. 1952년 아르노 부르지거(Arno Wurziger)는 동쪽 뫼들라로이트 마을에서 아내 게르다 메르그너(Gerda Mergner)와 함께 서쪽으로 도망쳤다. 1989년 12월 장벽이 열린 후 동서 뫼들라로이트 마을 주민들이 함께 만난 모습. Photo/오동룡

탄바하 실개천을 경계로 마을을 갈랐던 700m의 장벽은 이제 100m만 남았다. 분단의 훌륭한 교재로 활용되고 있다. Photo/오동룡

뫼들라로이트 마을 국경은 장벽이 무너지고 약 한 달 뒤인 1989년 12월 9일에 열렸다. 처음엔 오전 8시부터 오후 10시 사이에만 국경을 열어 주민들이 통행할 수 있도록 했다. 이 마을을 가로지르던 장벽과 철조망이 완전히 철거된 것은 1990년 6월이다.

탄바하 실개천을 경계로 마을을 갈랐던 700m의 콘크리트 장벽은

이제 100m가량만 남아 역사를 가르쳐주고 있다. 탄바하 실개천 아래가 서독 쪽 뫼들라로이트(바이에른 주)로 우측에 실내 접경박물관이 있다. 실개천 윗부분이 동독 쪽 뫼들라로이트(튀링겐 주)다. 야외에 당시 접경방어시설물을 전시하고 있다.

　마을 주민들은 통일을 이끌어낸 헬무트 콜 총리를 위해 기념비를 세웠다. 그 기념비는 동독 쪽 마을을 바라보고 있다. 뫼들라로이트 마을 입구에 수학여행 온 학생들이 모여서 교사의 열띤 설명을 듣고 있었다. 수십 년 만에 평화를 되찾은 이 마을 사람들은 지역의 생태환경을 보전하고 분단 당시 흔적을 잘 보존해 뫼들라로이트를 역사에 남겼다.

29 서독으로 가는 마지막 정거장

구텐퓌르스트 접경통과역
Bahnhof Gutenfürst

구텐퓌르스트(Gutenfürst) 접경통과역에는 그동안 인적이 없었다. 1945년 이후부터 구텐퓌르스트 역은 접경통과역으로만 기능했다. 현재 시각 2020년 3월 12일 오전 11시, 역 팻말만 이곳이 기차역이라는 것을 말하고 있었다.

구텐퓌르스트 역은 소련 점령 지역에서 서독으로 향하는 마지막 정거장 역할을 한 기차역이다. Photo/오동룡

접경통과역이어선지 역무원도 없었고 인적이 끊겼다. Photo/오동룡

독일 패전 직후 튀링겐과 작센을 점령한 미군이 주둔하다 1945년 7
월 점령지 분할에 따라 소련에 인계했다. 이후 1952년 소련이 동독에
이 역을 인계했다. 구텐퓌르스트 기차역은 처음에는 여행객의 운송보
다 동독 중부 지역의 석탄을 서독으로 수송하는 화물열차가 주를 이
루었다. 소련 점령 지역에서 서독으로 향하는 마지막 정거장의 기능을
한 곳이다.

1964년 9월부터 이 역을 통과해 서베를린으로 향하는 화물노선이
증가하자 접경통과검사소(Grenzübergangsstelle)로서 구텐퓌르스트 역
의 역할도 커졌다. 1975년 이후 정거장은 탈출자를 막기 위해 요새화
수준으로 경계를 강화했다. 선로를 가로질러 탈주방지용 조명등이 부

승객들이 이용했을 지하도에는 이끼가 잔뜩 끼어 있었다. Photo/오동룡

착된 육교도 만들었다. 여권 심사를 위한 안보성과 세관 건물도 들어섰고, 정거장 옆에는 동독 국경수비대의 병영도 건설했다. 지금은 모든 것이 폐허로 돌아갔다.

터널을 지나 지금은 승객들이 이용하지 않는 계단을 내려가 반대편 계단을 오르면 새파란 하늘이 펼쳐진다. 역사 옆으로 광활한 대지가 지평선 끝까지 이어진다. 유채가 심겨진 밭을 손으로 파보니 검은색 부식토에 돌 하나 나오지 않는다. 정말 축복받은 나라다.

30 동서독-체코 국경을 지키는 무명용사

미텔함머 독일-체코 국경지
Mittelhammer Dreiländereck

　지금 이곳은 독일과 체코가 국경을 맞대고 있는 미텔함머 (Mittelhammer)다. 이곳은 독일 통일 이전에 동독 작센 주, 서독 바이에른 주, 체코슬로바키아(현재 체코)가 만나는 삼각 접경지(Dreiländereck)였다.

　독일과 이웃 체코의 만남은 유쾌하지 않다. 1939년 9월 1일, 나치 독일이 전격적으로 폴란드를 침공하며 제2차 세계대전이 발발했다. 하지만, 훨씬 전부터 전쟁의 조짐이 보였다. 1921년 나치당 당수가 된 아돌프 히틀러가 1933년엔 독일국(바이마르 공화국) 총리에 오르고 이듬해엔 대통령에 오름과 동시에 나치 독일(제3제국) 총통이 됐다. 즉, 외견상으론 여전히 독일국이었지만 실상 나치 독일이었던 것이다. 히틀러는 과도한 제1차 세계대전 보상금과 세계 대공황 등을 미끼로 시름에 빠진 독일인들의 민심을 한데 그러모았다.

　1936년 히틀러는 라인란트에 군대를 주둔시킬 수 없다는 베르사유 조약, 그리고 로카르노조약까지 파기하고 라인란트 재무장을 실시한다. 세1차 세계대전 승전국 프랑스와 벨기에가 더 이상 국경의 안전 보장을 확립할 수 없게 됐다. 힘을 얻은 나치 독일은 1938년엔 오스트리아를, 1939년엔 체코슬로바키아를 합병하며 슬슬 세계대전의 시동을

(위)미텔함머의 독일-체코 국경지. 동서독 분단 시절엔 3개국 접경 지역이었다. 나무다리가 국경선으로, 왼쪽이 체코, 오른쪽이 독일이다. (아래)과거 동서독 시절엔 왼쪽이 작센 주(동독), 'DB'라는 흰 말뚝 지역이 서독 바이에른 주다. Photo/오동룡

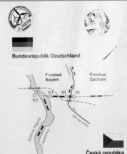

Berührungspunkt der Staatsgrenze der Bundesrepublik Deutschland und der Tschechischen Republik mit der Landesgrenze des Freistaates Sachsen und des Freistaates Bayern

Bis zur Wiedervereinigung Deutschlands am 3. Oktober 1990 befand sich an dieser Stelle der Berührungspunkt der Bundesrepublik Deutschland, der Deutschen Demokratischen Republik und der damaligen Tschechischen und Slowakischen Föderativen Republik.

Nach dem Ende des Zweiten Weltkriegs wurden am 23. Mai 1949 zunächst die Bundesrepublik Deutschland und am 7. Oktober 1949 die Deutsche Demokratische Republik gegründet. An diesem Ort endete der Grenzverlauf der beiden deutschen Staaten, und die damalige Tschechoslowakische Republik begann. Dieser Punkt markierte in Nord/Südrichtung die Teilung Deutschlands. In Ost/Westrichtung markierte er gleichzeitig den „Eisernen Vorhang" im Nachkriegseuropa bis 1989.

Seitdem wurde nun ein weiter Weg zurückgelegt. Deutschland ist vereint. Heute begegnen sich an diesem Berührungspunkt zwei Länder der Bundesrepublik Deutschland, die Freistaaten Sachsen und Bayern. Die Bundesrepublik Deutschland und die heutige Tschechische Republik sind nicht mehr durch einen „Eisernen Vorhang" getrennt, sondern in Freundschaft verbunden und Partner in der Europäischen Union. Die Grenzen, die in den Jahrzehnten des Ost-West-Gegensatzes der Nachkriegszeit beinahe unüberwindlich trennten, werden heute von den Menschen ohne Grenzkontrollen überquert.

Die gemeinsame Staatsgrenze hat eine Gesamtlänge von 811 Kilometer.

Bundesrepublik Deutschland
Freistaat Bayern
Freistaat Sachsen
Česká republika

Erläuterungen/Vysvětlivky
— Staatsgrenze/státní hranice
- - Landesgrenze/zemská hranice
Weg/cesta
☐ Grenzzeichen/hraniční znak
● Berührungspunkt der Staatsgrenze der Bundesrepublik Deutschland und der Tschechischen Republik mit der Landesgrenze des Freistaates Sachsen und des Freistaates Bayern
Bod styku státních hranic České republiky a Spolkové republiky Německo se zemskými hranicemi Svobodného státu Sasko a Svobodného státu Bavorsko

Bod styku státních hranic České republiky a Spolkové republiky Německo se zemskými hranicemi Svobodného státu Sasko a Svobodného státu Bavorsko

Až do doby opětovného sjednocení Německa dne 3. října 1990 se na tomto místě nacházel bod styku hranic tehdejší České a Slovenské Federativní Republiky, Spolkové republiky Německo a Německé demokratické republiky.

Po skončení druhé světové války byla 23. května 1949 založena nejprve Spolková republika Německo a 7. října 1949 Německá demokratická republika. Na tomto místě končí průběh státních hranic mezi oběma německými státy a začínala tehdejší Československá republika. Tento bod vyznačoval severojižní směr dělení Německa. Východozápadním směrem vyznačoval současně „železnou oponu" v poválečné Evropě do roku 1989.

Od té doby jsme urazili dalekou cestu. Německo je sjednocené. Dnes se na tomto bodu styku setkávají dvě spolkové země Spolkové republiky Německo, Svobodné státy Sasko a Bavorsko. Dnešní Česká republika a Spolková republika Německo už nejsou odděleny „železnou oponou", ale spojuje je přátelství a jsou partnery v Evropské unii. Hranice, které nás po desetiletí existence protikladu Východu a Západu v poválečné době takřka nepřekonatelně oddělovaly, překračují dnes lidé bez kontrol na hranicích.

Společné státní hranice mají celkovou délku 811 kilometrů.

동서독 국경 지도. 점선이 국경선으로 위쪽이 독일, 아래가 체코다. 파란색 실개천을 경계로 바이에른 주와 작센 주로 나뉜다. Photo/오동룡

건다. 그 사이 연합국 최악의 선택이자 사실상 제2차 세계대전 발발의 가장 큰 단초가 되는 1938년 '뮌헨 협정'이 있었다. 나치 독일의 체코슬로바키아 침공을 사실상 묵인한 사건이었다.

뮌헨회담에서 독일은 유럽 열강으로부터 주데텐란트(체코 서부의 독일계 민족 거주 지역)의 할양을 공인받았으며, 이에 그치지 않고 1939년에는 체코 전역을 합병, 슬로바키아를 괴뢰국화 해버렸다. 그 유명한 뮌헨 협정이지만, 체코에서는 '뮌헨의 배신'이라고도 부른다.

당시 영국의 네빌 체임벌린 총리는 본국에 돌아와서는 뮌헨 협정의

체코어로 국경 3각지대(Trojmezí)를 표시하고 있다. 바이에른 주 뫼들라로이트와 체코의 유명한 도자기 산지 카를로바르스키(Karlovarský) 지역을 안내한다. Photo/오동룡

결과를 두고 "독일에서 명예로운 평화를 들고 돌아왔습니다. 나는 이것이 우리 시대를 위한 평화라고 믿습니다."라고 말했다. 상황을 오판한 '세기의 얼간이' 같은 행동이다. 반면 윈스턴 처칠은 "우리들은 완전하고도 절대적인 패배를 보았다."라고 정확히 진단했다. 뮌헨 협정이 있은 후 1년도 지나지 않아 1939년 독소 불가침조약 후 나치 독일이 폴란드를 침공하며 제2차 세계대전이 시작됐다.

곧이어 벌어진 대전 기간 중 체코는 공업력을 착취당했고, 유럽 전선에서 가장 최후의 전투도 체코에서 일어났다. 전쟁이 끝나자 체코는 소련 군대에 의해 해방됐지만 다시 소련의 통제에 들어갔다. 전쟁 막판에 타결된 얄타 회담에서 체코슬로바키아는 우크라이나인이 많이 거주하는 자국 동쪽 끄트머리인 카르파티아 루테니아를 소련에 할양했다.

연합국은 전후 체코슬로바키아의 전략적 중요성 때문에 폴란드와 체코를 자유선거를 통해 정부를 꾸미려 했으나, 스탈린은 공산당 쿠데타를 조종해 1948년 2월 공산정부를 출범시켰다. 1948년 공산당의 지배하에 들어간 체코는 소련의 위성국가로 전락한다. 특히 스탈린식 공산주의의 통제를 견디다 못한 체코인들은 1968년 이른바 '프라하의 봄'으로 저항하지만, 레오니트 브레즈네프가 보낸 군대에 의해 무차별 진압 당했다. 유럽의 좌파들은 이 사건으로 인해 소련에 대한 '환상'을 모두 버리게 된다.

나치 독일과 체코와의 '악연' 이후, 분단을 거쳐 독일은 하나가 되었고, 이렇게 다시 체코와 국경을 맞대고 있다. 그러나 이제는 이곳에 더 이상 삼엄한 국경의 개념은 존재하지 않는다. 감시탑과 국경수비대는 보이지 않았고, 개천 옆으로 국경선을 알리는 예쁜 나무 표식들이 방문객들을 안내하고 있었다.

서독 바이에른 주 쪽에 1945년 7월 전사한 독일 무명용사의 묘가 자리하고 있었다. 이 병사는 이 자리에서 45년 간 독일의 분단을 지켜보았을 것이다. 독일과 체코 국경선은 독일연방주 작센과 바이에른

체코 쪽에서 동독 쪽을 바라본 지역. 나무다리를 건너면 독일 땅이다. 간판에 체코어로 '주의 (POZOR)'라고 쓰여 있다. 게시판에는 국경 설치에 관한 연혁을 적고 있다. Photo/오동룡

체코어 안내판. Photo/오동룡

주가 체코와 국경을 맞대고 있다. 'STAATS GRENZE(독일어로 국경)',
'DB(독일 바이에른 주)', 'DS(독일 작센 주)'의 표지판이 보였고, 체코어로
'POZOR! STATNI HRANICE(조심! 국경)'라고 쓴 것도 보인다.

체코 쪽 경계선을 넘어가면 체코를 의미하는 철자 C(CS 중에서 S는
지워지고 C만 표시)가 표시된 흰 말뚝들이 줄지어 박혀 있다. 1993년 1
월 체코공화국과 슬로바키아 공화국으로 각각 독립하면서 현재 이 지
역은 체코와 국경을 맞닿은 곳이 됐다. 국경이 맞닿은 곳에 벙커 하나
가 보인다. 벙커 위 언덕 너머가 체코 땅이라고 한다. 체코 땅으로 들

국경이 맞닿은 곳에 있는 체코의 벙커. 군사용이라는 느낌이 들지 않았다. 벙커 너머가 체코 지역이다. Photo/오동룡

어가 보고 싶은 호기심이 일어 숲속으로 몇 발자국 옮기니 특별한 시설물은 없었고, 체코 식 '푸세식' 화장실만 있었다!

북한 체제는 선인장에 비유할 수 있을 것이다. 물론 통일의 시기를 남한이 조절하거나 가늠하는 것은 현실적으로 어렵다. 선인장은 겉으론 단단해 보여도 속이 썩으면 하루아침에 무너지는 속성이 있다. 북한도 핵 때문에 강해 보이지만 내부 부패 및 체제 취약성으로 언제 무너질지 모르는 체제다. 우리는 성경(聖經)에 등장하는 '열 처녀 비유' 속 지혜로운 다섯 처녀들처럼 미리 '통일'이라는 혼인잔치에 참석하기 위해 충분한 기름을 준비해야 해야 할 것 같다.

서독 바이에른 주 지역에 묻힌 무명용사의 묘. 1945년 제2차 세계대전 때 사망한 독일군 병사의 묘다. Photo/오동룡

체코 쪽에서 흘러 동독 지역을 거쳐 서독 지역으로 흘러가는 실개천. Photo/오동룡

동서독 접경 순례 1,393km 대장정이 동서독과 체코 접경지에서 마침표를 찍었다. 이곳이 동서독 접경선의 끝이자 그뤼네스 반트의 종착점이다. 국내에서는 처음으로 동서독 접경을 북에서부터 남까지 종주하며 분단의 아픔, 통일의 환희를 생각했다. 우리에게 반드시 찾아올 통일을 준비하며, 독일은 끝없는 벤치마킹의 대상임을 다시금 깨닫는 여정이었다. 동서독과 체코의 세 나라 국경을 자유롭게 돌고 돌아 숲 사이로 콸콸 흐르는 차디찬 시냇물에 얼굴을 잠그니 아흐레 동안의 여독(旅毒)이 한순간에 달아났다.◎

한국 언론 최초 동서독 분단현장 풀코스 르포

독일의 DMZ를 가다

2020년 10월 20일 초판인쇄
2020년 10월 25일 초판발행

저자 : 오동룡
펴낸이 : 신동설

펴낸곳 : 도서출판 청미디어
신고번호 : 제2020-000017호
신고연월일 : 2001년 8월 1일

주소 : 경기 하남시 조정대로 150, 508호 (덕풍동, 아이테코)
전화 : (031)792-6404, 6605
팩스 : (031)790-0775
E-mail : sds1557@hanmail.net

Editor : 고명석
Designer : 박정미

ISBN : 979-11-87861-39-3 (03920)

정가 : 17,000원